회사를 살리는 고객 소통의 법칙

명품 친절 서비스

회사를 살리는
**고객 소통의
법칙**

명품
친절
서비스

PERFECT SERVICE

장수용 지음

J 중앙경제평론사

  21세기는 명품 친절 서비스가 기업 성공을 판가름하는 시대다. 특히 서비스 경쟁이 점차 치열해지는 고품위 감성경영시대에 고객의 니즈에 부응하지 못하는 평범한 서비스만으로는 고객을 만족시킬 수 없다. 이젠 특화된 서비스밖에 길이 없다.

  이 책에서 중점적으로 다루는 명품 친절 서비스는 차별화를 전제로 한다. 기업들은 변화된 고객들 개개인에게 알맞은 명품 서비스로 대응해야 한다. 그렇지 않으면 시장에서 퇴출당할 수밖에 없는 상황에 놓여 있기 때문이다.

  이 책은 이미 서비스 관련 도서를 여러 권 출간한 바 있는 필자가 그동안 강의와 컨설팅을 진행하면서 서비스 전략도 시대에 걸맞게 업그레이드해야 할 필요성을 느끼고, 의욕적으로 집필한 친절 서비스 실무지침서다. 서비스업 종사자나 고객 접점에서 활동하는 비즈니스맨들 모두에게 좋은 참고자료가 될 수 있고, 특히 기업에서 교육용 교재로 활용하기에 안성맞춤인 책이 될 것이다.

  이 책에서는 고객의 마음을 사로잡는 명품 친절 서비스 마인드의 기본조건, 매너기법, 고객과의 의사소통기법, 고객관계관리 향상을 위한 방법을 구체적으로 제시한다. 밝은 표정과 부드러운 말씨, 공손한 매너와 빠르고 친절한 일 처리, 상품에 대한 해박한 지식과 숙달된 서비스 능력으로 고객에게 기쁨을 주었을 때, 나 그리고 우리 기업은 성공의 문 앞에 도달해 있을 것이다.

아무쪼록 이 책이 개인뿐만 아니라 많은 기업과 단체 등에서도 유용하게 활용될 수 있기를 기대해본다.

이 책이 완성되는 데는 많은 분들의 도움이 있었다. 우선 필자에게 원고를 청탁하고 책으로 엮어주신 중앙경제평론사 사장님께 감사드린다.

그리고 오늘이 있기까지 항상 사랑으로 보살펴주신 부모형제와 강의, 집필 활동을 원활히 수행할 수 있도록 늘 도와주고 기쁨을 주는 식구들(조형연, 김훈, 장진수, 장진원, 장종수)에게 사랑과 행복을 전한다. 아울러 지금까지 필자를 항상 학문적으로 물심양면 지원해주는 세종사이버대학교의 윤남수, 이일열, 임효연, 홍동현, 김덕현 교수님과 지인 모두에게 기쁜 마음으로 이 책을 바친다.

장 수 용

CONTENTS

Part 4 고객관계 증진을 위한 의사소통기법

Part 1

고객의 마음을 사로잡는
명품 친절서비스

서비스는 물건이 아닌 일련의 행위 또는 과정이며 무형의 활동이다. 그 행위를 수행하면서 우리가 꼭 기억해야 하는 것은 나의 행위를 통해 기뻐하고 만족감을 느낄 대상에 대한 인간적인 사랑과 신뢰 그리고 배려다.

 # 친절이 뭐기에

"당신은 친절한가요?"

누구라도 이런 질문에는 선뜻 "예"라고 대답하기가 어려울 것이다.

"당신은 친절한 사람을 좋아하나요?"

이렇게 다시 물으면 어린아이라도 즉시 "예"라고 대답할 것이다. 이렇듯 내가 먼저 친절을 베풀기보다는 상대방이 내게 친절히 대해주기를 바라는 마음이 앞서는 것이 보통 사람들의 심리이다. 그렇다면 서비스를 제공하는 입장에서 고객에게 얼마나 친절해야 정말 잘했다고 인정을 받을 수 있는지 고민하는 사람들도 있을 것이다.

그러나 친절의 속성은 일방적이기보다는 쌍방향적이라는 점을 알면 굳이 고민할 필요없는 의문이라고 할 수 있다. 즉 친절은 베푼 만큼 되돌려 받게 된다는 사실을 주목해야 한다.

이 세상에 존재하는 모든 인간은 스스로 인정받고 존중받고 싶어 한다. 상대에게 진심으로 베푸는 작은 친절이 또 하나의 인연을 맺게 한다. 따라서 할 수 있다면 내가 먼저 친절을 베풀고(Give), 그다음 받는(Take) 것이 순서다. 특히 고객관계라고 하는 측면에서 볼 때 고객이 만족해야 자신도 만족스러울 것을 알기에 결코 고객 때문에 마음 상할 수 없으며, 고객은 늘 만족시켜 주어야 할 대상이다. 고객만족 서비스의 매력은 여기에 있다.

이러한 친절서비스를 서비스업에 종사하는 사람만 베풀어야 한다는 생각은 이제 시대에 맞지 않는다. 필자가 대학에서 경영학과 학생들에게 서비스 강의를 할 때 한 학생에게 질문했다. "자네는 한 번이라도 남에게 서비스를 제공해본 적이 있는가?" 그러자 그 학생은 "전 한 번도 서비스업에 종사한 적이 없어서 아직 그런 경험이 없습니다"라고 대답했다. 사람들은 대부분 서비스를 이렇게 생각한다.

서비스업에 종사해야만 서비스를 한다고 여기다 보니, 즉 자존심을 버리고 모든 것을 고객에게 맞추어야 한다는 생각 때문에 고객과 관계를 어렵게 시작하는 경우가 종종 있다.

좋은 서비스란 뭘까? '고개 숙여 인사하는 것? 물건을 덤으로 더 주거나 싸게 파는 것? 아니면 간, 쓸개를 다 빼줄 듯 대하는 것?' 물론 이러한 것들도 서비스의 한 종류이기는 하지만 진정한 의미의 서비스라고 보기는 어렵다.

삼성에버랜드는 좋은 서비스를 선순환적 쌍방향 커뮤니케이션으로 설명한다. 서비스는 사람이 만들어내는 것이고 주고받을 상대가 있는 것이다. 따라서 서로 마음이 움직여야 하며, 고객에게 베푼 관심과 배려가 칭찬과 격려로 되돌아올 때 서비스는 좋아지는 것이다.

그렇다고 일방적으로 주기만 한다고 해서 될 문제는 아니다. 기본적으로 배려하고 칭찬받고, 그래서 더 관심을 갖고, 그 결과 더 많이 격려받을 때 비로소 서비스의 질은 확대 재생산된다는 얘기다.

서비스는 물건이 아닌 일련의 행위 또는 과정이며 무형의 활동이다. 그 행위를 수행하면서 우리가 꼭 기억해야 하는 것은 나의 행위를 통해 기뻐하고 만족감을 느낄 대상에 대한 인간적인 사랑과 신뢰 그리고 배려다. 고객이 주관적으로 내리는 서비스에 대한 평가는 실로 솔직하고 냉정할 것이다. 그러므로 어떠한 마음으로 얼마만큼 행위를 수행하느냐가 무엇보다 중요하다.

# 지금은 감성서비스 시대

오늘날을 가리켜 서비스 시대라고 한다. 특히 21세기는 감성서비스 시대다. '인간적인 모습으로 외부고객과 내부고객(직원)에게 한 걸음 더 가까이!'를 외치는 감성서비스 기법이 화두로 떠오르고 있다. 이제, 감정적인 연계를 중시하는 감성서비스로 변화가 시작된다.

감성서비스는 고객이나 직원의 감성을 자극하는 정보를 전달함으로써 기업이 제공하는 상품, 더 나아가서는 기업 자체에 대한 호의적인 반응을 이끌어내는 경영방식을 일컫는다.

21세기의 경영 트렌드를 이끌어가는 주체는 머리가 아닌 가슴이다. 이러한 감성시대에 감성서비스 기법이 화두로 대두되는 것은 그리 놀라운 일이 아니다. '인간은 20%의 이성과 80%의 감성으로 살아간다'라는 말이 있다. 따라서 고객에게 제공하는 가치의 표현기술로 마케팅 전략을 수립해야 한다. 이는 장기적 관점에서 고객가치를 판단하고 고객을 확보 · 유지하기 위함이다.

감성서비스 시대에 서비스 혁신은 이미 새로운 개념이 아니며 필수사항이 되었다. 소득수준이 향상되고 정보화 사회가 진전됨에 따라 소비자들은 욕구가 다양해지고 감성적인 필요와 취향에 따라 상품을 선택하게 되었다. 따라서 감성마케팅으로 고객의 감정에 영향을 미치는 감성적 자극을 이용해 브랜드와 고객의 유대관계를 강화해야 한다.

감성마케팅의 좋은 예로는 스타벅스와 민들레영토를 들 수 있다. 먼저 스타벅스는 '가벼운 사치를 즐기는 여유'라는 콘셉트로 젊은 세대의 감성과 라이프스타일에 성공적으로 안착했다. 그들의 전략은 고급커피를 통한 차별화 이외에도 소비자의 감성을 겨냥한 탁 트인 구조와 밝은 인테리어가 인상적인 매장 분위기에서 찾아볼 수 있다.

감성매장이라 일컬어지는 스타벅스의 매장이, 자신을 드러내는 데 당당한 신세대와 도회적이면서도 세련됨을 추구하는 20~30대 여성들의 감성과 맞아떨어졌고, 통유리를 설치해 매장 안이 훤히 들여다보이게 하여 소비자들의 신뢰와 호기심을 불러일으키는데도 성공했다.

스타벅스는 단지 커피를 파는 장소가 아니라 사람들이 커피를 마시면서 즐겁고 친밀한 분위기를 느끼며 감성적인 경험을 할 수 있는 곳이다.

감성정보화시대라는 말에 걸맞게 감성적인 우뇌의 활동을 이성적인 좌뇌로 볼 수 있어야 한다. 그 수단으로 활용할 수 있는 것이 바로 감성마케팅임을 잊지 말자.

감성서비스 시대는 '이야기'를 바탕으로 성공하는 새로운 사회를 제시한다. 감성사회이론은 이성이 아니라 감성에 직접 호소한다. 지금은 바로 감성, 이야기와 화술 그리고 모든 가치관이 무대에 재등장하는 시대다. 감성에 바탕을 둔 미래의 시장에서 성공하려는 사람은 이야기꾼이 되어야 한다.

다음으로 민들레영토는 '마더 마케팅 전략'으로 압축할 수 있다. 즉 단순히 커피를 파는 곳이 아니라 어머니의 마음으로 서비스를 제공하고, 고객들에게 커피만이 아니라 오감을 만족할 수 있는 다양한 체험 기회를 제공하는 것이다.

그밖에 독서실, 세미나실, 영화감상실 등의 공간을 제공해 고객들의 감성에 자신의 브랜드를 각인시켰고, 이런 감성체험 공간은 결과적으로는 부가판매(Cross-Selling)를 통한 매출증가에 이르게 했다. 한 번 찾은 고객에게 기대 이상의 서비스를 제공함으로써 그들이 자신들의 지인과 함께 재방문하도록 유도하고 이런 방법으로 제2, 제3의 추가매출을 이끌어냈다.

서비스 경영은 고객만족을
지속하는 비결

고객 서비스 경영은 고객만족을 향상하기 위한 지속적인 노력이다. 고객(顧客)의 사전적 의미는 영업하는 사람에게 대상자로 찾아오는 사람이라 할 수 있다. 하지만 고객의 의미를 조금 더 확대해서 살펴본다면 상품이나 서비스를 생산하는 내부고객과 이를 최종소비자에게 전달해 주는 중간고객 그리고 상품과 서비스를 직접 구매하는 최종고객으로 구분할 수 있다.

서비스 경영은 기본적으로는 최종고객을 만족시키는 것을 목표로 하지만 최종고객을 만족시키기 위해서는 내부고객과 중간고객이 먼저 만족해야만 한다.

비즈니스에는 서비스가 따르기 마련이어서 그것을 하나의 '의무'라고도 할 수 있다. 그러나 단순히 의무라고 생각해서 억지로 하려고 한다면 그것처럼 피곤한 일은 없다. 또 나만 피곤한 것이 아니라 고객에게도

마지못해 한다는 느낌이 자연히 전달된다. 서비스는 상대에게 기쁨을 주고 또한 내게도 기쁨이 되는 것이어야 한다. 최근의 서비스는 고객이 처해 있는 상황이나 환경에 초점을 맞추고 있으며 제공자 자신이 아닌 고객의 경험을 중시한다.

서비스는 고객을 위해 봉사하는 것이다. 그러므로 내 입맛에 맞는 고객만 좋아하고 선별하여 진정한 고객으로 받아들이는 것이 아니라 모든 고객의 욕구를 충족시키고 기쁘게 해주기 위해 노력하는 행위다.

서비스는 고객의 욕구를 찾아내어 만족시킴으로써 조직의 목표를 달성하려는 것이다. 즉 고객만족 경영은 목표고객의 욕구를 충족시킬 제품과 서비스를 제공함으로써 고객의 만족수준을 최대화하고, 기업의 목표인 이익극대화를 달성하는 것을 의미한다.

고객만족 수준을 높이는 방법은 여러 가지인데, 가장 좋은 방법은 구매 전 고객의 기대를 높임과 동시에 구매 후 성능을 높이는 총체적 고객만족을 달성하는 것이다. 총체적 고객만족 달성이 곧 고객 서비스 경영이다.

일반적으로 기업은 고객이 진정으로 원하는 것 또는 진정으로 필요로 하는 것을 제공함으로써 고객을 만족스럽게 할 수 있다. 무한경쟁시대에 경쟁우위의 핵심은 고객이 정말로 원하는 것을 좀더 쉽게 해결할 수 있는 방안을 제시하는 데 있다.

고객 서비스 경영은 기업에게 고객의 관점에서 그들의 필요와 욕구를 규정하여 고객이 중심이 되어 이끄는 경영으로 변화하기를 요구한다.

고객의 관점에서 생각하고 고객을 만족시키는 것이 중요한 이유는 기업의 매출이 신규 고객과 기존 고객의 반복구매에서 일어나기 때문이다. 신규 고객을 창출하는 것은 기존 고객을 유지하는 것보다 비용이 더 많이 든다. 그러므로 신규 고객 창출보다 기존 고객 유지가 기업 생존에 더욱 중요하다. 이렇게 중요한 고객 유지의 핵심은 고객을 만족시키는 것이다.

만족한 고객은 반복구매를 하며 다른 사람에게 제품에 대해 좋게 평하고, 경쟁 브랜드와 그 광고에 관심을 크게 쏟지 않는다. 또 그 회사의 다른 제품에도 호의적이기 때문에 단순 매체광고보다 훨씬 더 효과적인 광고수단이 될 수 있다.

이처럼 기업이 고객 서비스 경영을 추구해야 하는 이유는 너무도 분명하다.

첫째, 고품격의 서비스를 제공하고 사업장의 품위를 높여주기 위해서이다. 즉 고객만족을 제공함으로써 손님들에게 시각이나 청각과는 다른 차원의 쾌적함을 느끼게 해주기 위해서이다.

둘째, 매출의 증대를 꾀하기 위해서이다. 일반적으로 서비스와 연관되는 고객만족 서비스를 제공해 구매욕구를 자극함으로써 이를 매출로 연결하는 것이다.

셋째, 시장의 경쟁이 지난날과 전혀 다른 패턴으로 전개되는 것이다. 과거에는 주로 동일업종의 기업과 경쟁하는 브랜드끼리의 경쟁이었으나 지금은 규제 철폐에 따라 업종끼리 경계가 완화되면서 경쟁의 폭과 경쟁구조가 심화되었기 때문이다.

이처럼 고객의 관심을 끌기 위한 경쟁이 치열해지자 기업들은 대부분

재고를 어떻게 처리할지 고민하게 된 반면, 고객은 시장에서 제품 선택의 폭이 크게 늘어나 구매행동이 훨씬 까다로워졌다.

한마디로 기업이 고객 서비스 경영체제로 변하지 않으면 치열한 생존 경쟁에서 살아남을 수 없는 환경이 되었다.

100-1=0이다

서비스에서 100-1은 99가 아니라 0이다. 서비스에서는 만점이 아니면 0점만 있다. 고객은 단 한 번의 실망으로 서비스 전체를 그렇게 기억하게 된다.

'고객의 기대를 뛰어넘어라'는 말은 가장 기초적이고 단순한 비즈니스 규칙이지만 기업들은 대부분 기대를 뛰어넘기는커녕 '고객의 기대에 부응'하는 데 급급하다. 그러나 고객은 기대 이상일 때에야 비로소 만족한다. 이미 예상한 서비스로는 고객을 만족시킬 수 없기 때문이다.

고객의 기대를 뛰어넘으려면 경쟁사가 하지 않는 서비스를 실천해야 한다. 고객의 기대를 뛰어넘도록 직원들을 동기부여하는 정책을 마련해야 한다. 직원은 고객의 취향을 기억하고, 고객의 문제를 자기 문제처럼 생각하며, 고객을 진심으로 반갑게 맞이할 줄 알아야 한다. 고객을 향해 '더 멀리, 더 높이' 행동해야 한다. 그렇지 못하면 고객은 서비스에 실망

할 수 있다. 서비스에서 고객의 실망은 큰 문제를 야기할 수 있다.

예를 들어 "우리 회사에는 고객불만족을 야기하는 문제가 거의 없어요. 왜냐하면 불만을 호소해오는 고객이 한 달에 한두 명 정도밖에 되지 않으니까요"라고 했을 때 그 회사에는 정말 아무런 문제가 없다고 할 수 있을까?

조사에 따르면 불만고객들은 대부분 불만을 직접 말하지 않고 거래를 중단한다. 96퍼센트는 불만을 말하지 않으며 그중 90퍼센트는 거래를 중단한다. 더군다나 거래를 중단하는 고객들은 실망한 부분을 따로 언급하기를 꺼려한다. 그렇기 때문에 대부분 어떤 이유로 거래를 중단하는지조차 알지 못한다.

그렇게 떠난 불만고객은 동료나 이웃에게 불만을 말한다. 평균 9명에게 불만을 전하면 그들은 18~27명 이상에게 그 불만을 전한다.

어떤 서비스가 고객 한 사람을 만족시켰을 때 고객 5명에게 이야기하는 홍보 효과가 있으며 그 이야기를 들은 고객은 그렇지 않은 고객에 비해 6배쯤 기업에 이익을 준다. 기업이 새로운 고객을 확보하는 데는 기존 고객을 유지하는 것보다 3~5배쯤 비용이 더 든다.

하지만 기업은 새로운 고객보다 기존 고객에게 12배 정도 더 제품을 판매할 수 있다. 또 상위 20퍼센트 고객 1명의 매출이 나머지 80퍼센트 고객 20명의 매출과 비슷하다. 고객 유지율이 몇 퍼센트만 증가해도 25~100퍼센트까지 이윤을 증가시킬 수 있으며, 평균적인 회사의 비즈니스는 65퍼센트가 만족을 얻은 기존 고객을 통해 이루어진다.

반면 만족을 얻지 못한 고객의 91퍼센트는 그 회사 제품을 다시 구매하지 않으며, 자신이 겪은 불쾌함에 대해 이야기한다. 이런 통계자료는 친절서비스를 기본으로 하는 고객 관리가 얼마나 중요한지 숫자로 보여준다.

고객은 전혀 기대하지 않았던 서비스를 받았을 때 열광한다. 즉 고객 감동 경영은 소비자가 전혀 예상하지 못한 제품이나 명품 서비스를 제공해 고객을 열광시키는 것이다. 설사 고객이 인식하지 못한 욕구일지라도 그것을 찾아 만족시키는 명품 서비스를 제공함으로써 고객을 열광시키는 것, 즉 마음속으로 감동시키는 것을 의미한다. 그 결과 고객은 제품과 서비스에 대한 충성도가 높아져 평생고객이 된다.

◐ 1:10:100 법칙

불량이 생겼을 때 즉각적으로 고치면 원가가 1만 들지만, 책임소재나 문책 따위 때문에 이를 숨기고 기업의 문을 나서면 원가가 10이 들며, 이것이 고객의 손에 들어가 클레임이 걸리면 원가가 100이 든다는 법칙이다.
- 내가 결함을 알았을 때 해결에 소요되는 시간(비용) : 1
- 내부고객이 결함을 발견했을 때 해결에 소요되는 시간(비용) : 10
- 외부고객이 결함을 발견했을 때 해결에 소요되는 시간(비용) : 100

◐ 10:10:10 법칙

고객 서비스에 10달러가 들어간다면 고객을 잃는 데는 10초가 걸리고 그 고객을 되찾는 데는 10년이 걸린다.
- 고객 유지에 소요되는 비용 : 10달러
- 고객을 잃어버리는 데 걸리는 시간 : 10분
- 고객을 되찾는 데 걸리는 기간 : 10년

 # 고객의 기대를 넘어서라

지난 연말에 건강검진을 하려고 대학병원을 찾았다. 종합병원이라서 환자와 내방객으로 제법 붐볐다. 순번에 따라 의사의 진료를 받고 나서 몇 가지를 질문했다. 그 순간 의사와 간호사 얼굴에 짜증이 스쳤다.

하루 종일 환자나 내방객을 상대하다 보면 피곤할 것이다. 하지만 그렇게 짜증스럽다면 의료업을 그만두어야 한다. 의사와 간호사로서 기본적인 자질도 갖추지 못했다면 그 일을 그만두어야지 어쩌겠는가. 고객에게 짜증내면 본인도 스트레스를 받는다.

반면, 작년 여름휴가 때 제주도의 한 호텔에 묵을 때였다. 입구에 들어서니 여느 호텔과 달리 종업원들이 무척 친절하게 성의를 보였다. 그호텔 종업원들은 하루에 몇 번씩 마주쳐도 시종일관 고개를 숙이며 웃는 모습을 보였다.

나도 종업원에게 미소로 답례했다. 지금도 그 호텔에서 보낸 며칠을 떠올리면 기분이 좋아진다. 다음 휴가를 제주도에서 보낸다면 당연히 그 호텔에 묵을 것이다. 이렇게 생각하는 사람이 어찌 나쁘랴.

지점이나 서비스센터 또는 회사를 방문할 때 고객은 항상 기대하게 된다. 회사 성격에 따라 품질 좋은 상품이나 훌륭한 서비스 또는 뛰어난 불만 처리 능력 등을 기대할 것이다. 그 기대가 충족되면 고객은 만족한다. 기대가 충족됐을 때는 화를 내지 않는다.

그러나 기대가 충족되지 않거나 직원들이 무능력하거나 불친절하면 고객은 부정적인 인상을 갖고 떠나서 다시는 찾지 않을 것이다. 고객은 항상 자신이 옳다고 생각하기 때문에 고객이 원하는 것을 제공하려면 그들의 기대를 넘어서야 한다.

고객감동 비결은 간단하다. 능력 있다고 착한 사람이 되는 것이 아니라 능력을 착하게 쓸 때 착한 사람이 된다. 서비스는 마음에서 우러나올 때라야만 진정한 명품 서비스가 된다.

고객은 감동적인
명품 서비스를 원한다

기업의 경쟁력은 기업 구성원의 경쟁력에 달려 있다. 명품 서비스 마인드는 기본적으로 사고 혁신으로 고객의 기대를 능가하고 고객에게 진심을 전달하는 감동이 있어야 한다. 말하는 사람의 표정과 온몸에 진솔함과 열정이 묻어 있을 때 상대방도 진정성 있는 감동을 공유한다. 그리고 마침내 동질감을 느끼는 피드백 효과가 나타나고 고객 커뮤니케이션이 작동되면서 마음의 문을 열게 되는 것이다.

지금은 고객을 감동시켜야 생존하는 시대에서 한 걸음 더 나아가 자신과 상대방이 감동을 공유하는 공유감동의 시대다.

최근 들어 이런 말이 더욱 강조되는 것은 각종 정보 매체가 발달하면서 고객이 점점 더 다양해지고 똑똑해지고 있음을 의미한다. 특히 인터넷은 각종 제품이나 친절서비스를 철저하게 비교하고 분석하게 만들기 때문에 고객을 무시하는 기업은 순식간에 매출이 급감한다. 컴퓨터 보급이 확산되면서 업무 처리 속도가 빨라져 업무량이 줄자 고객은 명품 서비스로 눈을 돌리게 되었다.

고객의 명품 서비스 만족 기준이 빠르게 변하고 있다. 세계는 지금 전 세계 구석구석에서 일어난 일을 클릭 한 번에 실시간으로 알 수 있는 동시생활권 시대가 되었다. 또 어디에서 어떤 서비스가 고객을 감탄하게 했다는 등 다양한 사례를 매스컴 등에서 상세하게 알려준다.

따라서 고객은 직접 체험했든, 소문으로 간접 체험했든 그와 같은 최고 수준의 명품 서비스와 친절을 알고 있으며 또한 그런 명품 서비스를 받기를 기대한다. 실제로 고객은 언제나 고품질 명품 서비스를 제공받을 것으로 기대한다.

물론 기대 수준은 고객마다 달라서 어떤 고객은 더, 또 다른 고객은 덜 기대할 수도 있다. 하지만 적어도 고객이 처음에 받았던 품질과 같거나 더 나은 명품 서비스를 제공해야 한다. 기대가 무너지면 고객은 떠난다. 특히 힘들여 찾은 이상적 고객이 떠나면 고객을 다시 찾는 데 시간을 많이 들이고 부단히 노력해야 한다.

이러한 시대에 기업의 서비스 개선 속도가 느리면 고객이 만족한 상태라도 얼마 가지 않아 불만족 상황으로 변한다. 이렇듯 서비스에는 많은 의미가 담겨 있다. 따라서 새롭고 혁신적이며 가치 있는 명품 서비스를 제공해야겠다는 문제의식을 가지고 방법을 강구해야 한다.

그렇다면 새롭고 혁신적이며 가치 있는 서비스를 제공하려면 어떻게 하는 것이 좋을까? 명품 서비스는 고객에게 의미 있는 가치를 주어야 한다. 서비스나 제품을 구매하면 어떤 혜택을 얻을지 명확하고 자세하게 알려줄 경우 고객에게 훨씬 가까이 다가갈 수 있고, 새 고객을 더 빨리 불러모을 수 있다.

사람들은 서비스를 구입할 때 숨어 있는 혜택도 함께 구입한다. 예를 들면 대형마트에서 하나를 구입하면 하나를 더 주는 서비스이다. 이때 서비스가 고객에게 어떤 효과와 혜택을 줄지 구체적으로 생각해보는 것이 중요하다. 또 서비스가 아무리 좋아도 전하는 방법에 따라 가치에 차이가 있다.

방법과 수단에 따라 서비스의 질은 물론 고객의 감성에도 영향을 미친다. 고객의 정보를 모으고 고객이 가장 선호하는 방법과 수단으로 다가가야 한다. 명품 서비스는 커뮤니케이션을 통해 고객관계를 맺는 첫걸음이다.

고객은 자신의 요구에 최대한 빨리 대응해주기를 바란다. 고객은 상대방이 자신의 괴로운 심정이나 사정에 완전히 공감한다고 느낄 때 비로소 서비스에 만족한다. 고객의 요구에 빨리 대응하려면 고객 정보가 수집되어 있어야 한다.

맞춤 서비스는 서비스가 필요해서 애타게 찾는 사람에게 꼭 맞는 해결책을 제공하는 것이다. 고객은 서비스 자체를 구입하는 것이 아니라 서비스 '혜택'을 구입하는 것이다. 따라서 언제나 고객의 문제에 초점을 맞춰 욕구를 해결해주어야 한다.

고객 서비스는 이렇듯 단순하지 않다. 먼저 질문하고, 어떻게 도움이 될지 보여주고, 바로 우리가 적임자임을 확인시켜 고객을 파트너이자 수익 원천으로 만들어야 한다. 그러고 나서 지속적으로 관계를 유지하려고 노력해야 한다.

그러므로 명품 서비스는 '개선'이 아니라 '혁명적인 개혁'으로 고객의 기대보다 더 빨리, 더 크게 변해야 한다. 그래야 고객이 지속적으로 서비스에 만족하고, 그만큼 기업의 영속적 발전이 보장된다.

명품 서비스는 하나하나에 정성이 담겨야 하고, 뭔가 달라야 하며, 고객 한 사람 한 사람을 만족시켜야 한다. 명품 서비스는 기본 욕구가 아니라 고급 욕구를 충족시켜야 가능해진다.

명품 서비스 시대
서비스 품질

우리나라의 대표 기업인 삼성, LG 등에서는 경영의 존재이념인 고객을 소중히 한다. 고객이 무엇을 원하는지 항상 파악하고 대응하며, 기본에 충실한 경영활동을 전개한다. 명품 서비스도 마찬가지다. 고객에게 만족을 주는 기업, 고객에게 좀 더 가까이 다가서려는 명품 서비스가 필요하다.

명품 서비스 시대에는 서비스의 양보다 질을 높여 경쟁에서 이겨야 한다. 사회가 고도화되고 정보화가 급속히 진행되는 상황에서 명품 서비스는 하나하나에 정성이 담겨 있어야 하고 뭔가 달라야 하며 고객 한 사람, 한 사람을 만족시켜야 한다. 기본 욕구가 아니라 고급 욕구를 충족시켜야 한다.

앞으로는 최고만 살아남는다. 우리는 물질적 풍요 속에 살며 무한경쟁을 치르고 있다. 고객은 이제 최고가 아니면 거들떠보지 않는다. 고객은 시장의 명품 서비스 가운데 가장 좋은 것을 선택하기 때문이다.

불황이 길어지고 경쟁이 치열해지면서 기업들이 '고객감동 경영'을 펼치고 있다. 고객을 단순히 만족시키는 수준에서 한 걸음 더 나아가 고객을 감동시켜야 생존한다. 이러한 흐름은 '고객 없이는 기업 발전도 없다'는 절박한 인식에서 출발한다.

불황기에는 고객 서비스 경영도 업그레이드해야 한다. 기업들은 불황을 맞이하여 고객을 확보하고 유지하기 위해 고객만족 명품 서비스 경영을 더욱 강화해야 한다. 현재 추진하는 고객만족 경영에 문제점은 없는지 그리고 어떻게 하면 업그레이드할 수 있는지 살펴보자.

국내 이동통신 3사는 고객의 참여, 제안 프로그램을 강화하는 등 각종 서비스 활동을 강화하고 있다. 이런 고객만족 강화 활동은 통신산업뿐만 아니라 자동차, 유통, 건설, 금융, 공기업 등 모든 산업 분야에서 다양하게 전개하고 있다.

그런데 왜 고객 서비스 경영이 다시 강조되는가? 모든 사업에서 고객의 중요성은 예부터 널리 알려졌다. 이렇게 당연한 고객만족을 이루기 위해 여러 활동을 추진하는데도 고객 서비스 경영은 왜 쉽게 실현되지 않을까?

S카드사는 고객만족도 조사, 통화품질만족도 조사, 전화친절도 모니터, 객장친절도 모니터를 통해 고객의 의견을 들으며 불만사항을 최소화하려고 노력한다. 즉 회사의 상품과 서비스를 외부인인 직장인과 주부 40여 명이 늘 모니터링하는 고객 옴부즈맨제도를 실시하고 있다.

K호텔은 고객의 말씀(Voice of Customer)을 운영해 고객의 요구나 불

만사항을 편지, 팩스, 홈페이지 등으로 문서화하고 매주 전사적인 미팅에서 고객의 불만을 개선한다. '서비스 예보제', '고객의 말씀'에 접수된 내용 2년치를 분석해 일류 품질과 서비스, 파격적인 가격을 제공하는 것이 고객감동의 원천이다.

S호텔은 필자가 지난 연말 고객감동서비스(Serviced by Silla)를 위한 문제해결 워크숍을 진행한 바 있다. 이는 고객의 요구를 신속·정확하게 처리하기 위해 현상의 문제와 해결방안을 모색하는 것이다. 버튼 하나로 식사 주문, 식당 예약, 투숙 일정 변경, 메시지 체크, 객실 내 문제 해결 등 모든 고객의 요구사항을 10분 안에 처리하는 것을 목표로 한다. 게다가 고객 주문 처리 후 30분 안에 전화를 걸어 고객의 요구사항이 만족스럽게 처리됐는지 재확인한다.

H자동차는 그린서비스(Green Service)를 펼친다. 그린서비스는 '한번 판매한 제품은 끝까지 책임진다'는 원스톱 첨단 정비서비스다. 판매와 정비가 연계된 시스템을 구축해 언제 어디서나 고객이 부르는 곳으로 달려가겠다는 정비서비스 시스템을 가동하고 있다.

P사는 과거의 관료적 시스템을 파괴하고 원스톱서비스(One Stop Service) 체제로 바꾸어 담당 영업사원 1명이 모든 구매 관련 업무를 처리한다. 제품을 구매하기 위해 최고 8개 부서와 접촉해야 했던 때와 비교하면 시간과 노력을 많이 절감할 수 있다.

이제 제품의 질은 상당히 높아졌다. 기업들은 구매 과정의 서비스는 물론 구매 이후까지 최고의 서비스를 제공하기 위해 노력해야 한다.

명품 서비스는 개선이 아니라 혁신을 요구한다

그동안 기업들은 경영개선 활동을 끊임없이 수행해왔다. 그러나 대규모 경영혁신이 아니라 생산성 향상, 고객 서비스 혁신을 이룩하려면 부가적 개선만으로는 불가능하다. 이제 과거의 업무방식에서 벗어나 시스템을 통한 재설계 작업이 필요하며 이것이 명품 서비스 혁신의 수행목표다. 혁신은 근본적 변화를 이룩하기 위해 무(無)의 개념에서 출발하여 업무방식을 새롭게 구축하는 형태로 진행된다. 근본적인 도구로 정보기술을 이용해 서비스 문화와 구조의 재구축을 수행한다.

명품 서비스 경영혁신의 목표나 전개 양상이 다르다보니 경영혁신을 시도한다고 해서 의도대로 모두 성공하는 것은 아니다. 그러나 현 시점에서 국내외 기업들은 획기적이고 과감한 혁신, 빠르고 유연한 서비스 추구, 차별화, 원가우위 목표를 동시에 추구해야 한다.

명품 서비스 혁신은 선택이 아니라 필요에 따른 것이다. 오늘날 선진 기업들은 환경이 점점 더 복잡해지고 변화가 가속됨에 따라 새로운 서비스 정비에 박차를 가하고 있다. '고객은 있어도 고객들은 없다'는 말이 표현하듯 현대는 고객의 욕구가 다양하게 분출되는 시대다. 의사결정 권한이 있는 경영진이 현장에서 멀리 떨어져 있다면 다양한 고객들의 각양각색인 욕구를 제때에 충족시키기 어렵다.

지금까지는 기업들이 고객만족보다 조직 내부의 소속 부서나 상사에게 충성하는 것을 더 중요하게 여기는 경향이 있었다. 또 서비스의 내부 효율성을 중시한 나머지 내부 프로세스 조정에 자원을 낭비하는 경우가 많았다. 사소한 일을 결정하는 데도 단계를 많이 거치기 때문에 신속하게 결정하지 못하는 경우가 다반사였다.

고객을 접하는 현장조직에게 필요한 권한과 책임을 부여하는 것은 고객만족 경영을 지향하는 하나의 수단이다. 권한을 지닌 현장의 단위조직들은 더욱 신속하게 의사결정을 하게 되고 융통성 있게 서비스를 제공함으로써 고객의 만족도를 높일 수 있다.

고객중심 조직은 조직 내부의 권한, 책임, 일의 내용과 방법 등 모든 것이 상사의 의도대로 따르기에 앞서 외부고객의 만족을 지향하는 조직이다. 고객중심 조직이 되려면 고객 서비스에 관한 의사결정 권한과 책임을 일선 접점에게 넘김으로써 독립적인 단위가 되도록 해야 한다. 자율적인 판단에 따라 고객들에게 다양한 서비스를 제공할 능력과 체계를 갖춘 조직이 전형적인 고객중심 조직이다.

초우량 기업들의 공통점은 적어도 전략적으로 중요한 몇 부문에서는 세계 최고이거나 경쟁사보다 훨씬 뛰어난 서비스를 제공하는 것이다.

여기서 뛰어나다는 것은 고객에게 최고의 만족을 주는 매우 가치 있는 제품을 경쟁사보다 낮은 가격으로 공급한다는 의미다.

초우량 기업들이 제공하는 서비스의 공통된 특징은 고객지향성이다. 고객지향성은 고객을 단순히 서비스 전략의 중심에 위치시켜야 한다는 것뿐 아니라 모든 시스템과 인력이 내·외부 고객을 지원하기 위해 서비스되어야 한다는 의미다. 이에 전형적으로 모든 조직원이 고객과 밀접하게 연관을 맺고 고객의 정보를 신속하게 얻기 위해 조직 구조를 유연하게 하는 경우가 많다.

오늘날 같은 정보화 시대에 계층을 거치지 않는 정보의 유연한 서비스는 서비스의 자율적 관리능력 배양 없이는 불가능하다. 따라서 서비스 재정비는 자율성을 극대화해 정보수집 능력과 처리 능력을 높임으로써 성과를 크게 향상시킬 수 있다.

기업이 특정 제품을 생산해서 고객에게 제공하는 주된 목적은 물질적·정신적 만족 등 가치를 그들에게 줄 수 있다는 믿음이 있기 때문이다. 기업 생존을 위한 1차적 과제는 고객에게 제공하는 제품이나 서비스의 가치를 고객이 지불하는 가격보다 높게 만드는 것이다. 고객이 지불한 가격보다 가치가 낮은 제품이나 서비스를 제공하는 것이 일시적으로는 가능하겠지만 장기적으로 이런 기업은 고객들에게 외면당하고 결국 생존이 불가능해지기 때문이다.

고객 지향적으로 다가서라

우리나라 대표 기업인 LG그룹은 심벌마크와 심벌컬러까지 대대적으로 바꾸었다. 럭키에서 LG로 바꾼 것은 새로운 기업 이미지로 국제화 시대에 발맞추기 위한 성공적인 시도였다.

'미래의 얼굴'이라는 뜻을 지닌 LG의 마크는 사람의 웃는 얼굴을 디자인했는데, 부드럽고 친절한 이미지를 고객에게 심어준다. 심벌마크의 형태나 색깔도 뛰어나지만 웃는 얼굴에 초점을 맞춘 아이디어는 고객에게 다가가기 쉽고 편안한 이미지를 주기에 충분하다.

기업의 심벌마크가 웃는 얼굴을 상징한다는 것은 여러 면에서 좋은 의미를 지니지만 서비스 차원에서는 두 가지 의미가 있다. 먼저 기업이 웃는 얼굴을 보인다는 것은 고객에게 친절하겠다는 기업의 의지가 담겨 있기 때문에 좋고, 또 하나는 웃는 얼굴이 회사에 좋은 기운이 깃들게 하기 때문에 좋다. 한 사람의 웃는 얼굴이 여러 사람에게 좋은 감정을

불러일으키듯 거대한 기업체의 심벌이 웃고 있다면 그 회사도 좋은 감정으로 좋은 기운을 부른다고 생각할 수 있다.

'고객을 위한 가치 창조'로 경영이념을 정하고 적극적인 서비스 만족 경영을 펼치는 LG그룹은 고객 지향적 사고의 좋은 예다. 그룹의 회장은 새롭게 정한 경영이념인 고객을 위한 가치창조를 실현하기 위해 일일 고객 상담원을 하거나 고객 애프터서비스센터를 찾아 고객과 대화하기도 한다. 또 계열사의 결재서류에 대표이사 다음에 고객결재란을 마련해 결재할 때 고객 입장에서 의사결정을 평가하게 한다. 이처럼 회장이 고객지향 경영이념을 실천함으로써 그룹 전체를 고객지향 사고로 변화시켜 좋은 성과를 거두고 있다.

고객은 제품이나 서비스를 구매할 때 수많은 기업과 제품의 홍수 속에서 다양하게 선택할 수 있다. 고객은 다양한 제품 또는 서비스의 가치와 품질을 비교·판단해 구매한다. 따라서 고객이 제품이나 서비스에 어느 정도 만족하는지는 구매 전 기대와 비교해 제품이나 서비스가 어느 정도 만족을 줄 수 있느냐에 달려 있다.

델컴퓨터는 포스트 세계지식포럼 특별강연에서 "미쳤다는 이야기를 들을 만큼 고객에만 집중해서 최고의 고객가치를 창출하려고 노력한 것이 지금 같은 지속적 수익을 창출한 배경이다"라고 강조했다.

델컴퓨터의 성공 교훈은 세 가지로 볼 수 있다. 고객 수요에 맞는 제품, 비용과 운영상 효율에 대한 끊임없는 향상, 개방형·표준형 기술을 채택해 고객에게 우월한 가치를 부여한 것이다.

델컴퓨터는 성공의 원천을 신속과 결단력에 두고 있다. 더욱 높은 가치를 고객에게 전달하려고 모든 제품에 공격적 가격정책을 채택하는 한편 과감하게 비용절감을 추진했다. 그 결과 경쟁사의 수익이 20~30퍼센트씩 줄어들 때 델컴퓨터는 수익과 시장점유율 모두 늘어났다.

델컴퓨터를 살펴보면 델이 펼친 고객중심 경영이 무엇인지 알 수 있다. 많은 회사가 제품을 중심으로 조직을 만드는 반면 델컴퓨터는 고객을 중심으로 조직을 만든다. 고객에게 최고 경험을 누리게 하는 것이 델컴퓨터 직원들에게 부여된 첫 번째 임무다. 델컴퓨터는 긍정적 고객경험(Customer Experience) 보고를 측정하고 이를 바탕으로 좋은 평가를 받은 직원을 보상한다. 직원들이 받는 보너스의 3분의 1은 CEO의 보상에서 나온다.

델컴퓨터는 PC업계에서 그 어느 기업보다 고객과 상호작용을 중시한다. 고객과 부딪치면서 얻은 교훈을 바탕으로 다른 기업이 흉내 낼 수 없는 그들만의 빠른 적응력을 보여준다.

서비스의 모든 것 바꿔야

　기업의 고객 서비스 역시 중요한 경영혁신 목표가 될 수 있다. 고객과의 접점에서 업무를 수행하는 부서만이 아니라 제품 또는 서비스 제공에 관련되는 모든 부서가 고객을 위해 업무를 수행하게 하는 것은 가장 근간이 되어야 할 목표다.

　프로세스에는 고객이 있다. 프로세스의 각 부서에 속한 작성자들은 부서업무의 기능에 목표를 두지만 고객은 결과에만 관심이 있을 뿐이다. 과거에 업무 분업화가 필요했던 것은 전문성을 유지하기 위해서였지만 고객은 전문성보다는 자기가 얻는 아웃풋에만 신경 쓴다.

　서비스 혁신의 대상은 서비스가 아니라 프로세스다. 기업은 영업부서나 생산부서를 서비스 혁신하려고 하는 것이 아니라 그 부서의 사람들이 수행하는 일을 서비스 혁신하려고 한다.

　모든 서비스는 프로세스로 구성되어 있다. 프로세스는 서비스가 실제로 수행하는 그 자체다.

모든 프로세스는 고객이 만족해야 성공적이라 할 수 있다. 그러므로 모든 업무는 업무과정과 단위업무의 효율성에 따라 관리하는 것이 아니라 고객만족과 프로세스 전체의 효율성에 따라 관리하고 평가해야 한다.

서비스 혁신이 어떤 프로세스를 이해하기 위한 최적의 위치는 고객의 목표에 있다. 무엇이 고객의 실제 요구인가? 그들이 무엇을 원한다고 말하며, 실제로 원하는 것은 무엇인가? 그들은 어떤 문제가 있는가? 출력을 가지고 그들은 어떤 프로세스를 수행하는가?

프로세스를 재설계하는 궁극적 목표는 고객의 요구에 따른 새로운 것을 만드는 것이기 때문에 진정으로 고객의 요구를 이해하는 것이 극히 중요하다. 고객의 요구는 고객이 요구하는 것이 무엇인지 묻는 것을 가리키는 것이 아니다. 고객은 단지 원한다고 '생각' 하는 것만을 이야기할 뿐이다.

서비스 혁신은 자신을 이해하기보다 고객을 더 잘 이해해야 가능하다. 이 목표를 이루기 위해 고객의 환경으로 들어가 고객을 관찰하고 고객과 함께 일할 수도 있다. 이런 것이 이해와 분석이 다르다는 또 다른 일면을 보여주는 것이다.

서비스 혁신을 위한 벤치마킹은 경쟁우위와 서비스 목표 달성을 위해 업계 또는 세계 최고로 인정된 서비스의 전략, 제품, 프로세스를 비교·평가하는 지속적이고 체계적인 과정이며, 자사의 전략 수립과 개선활동의 목표 설정에 중요한 지표로 사용하기 위한 수단이다.

경영전략과 비전을 설계해 서비스가 가려는 목표를 설정하고, 벤치마킹으로 자사의 수준과 경쟁사 또는 초일류 서비스의 제품·서비스, 프로세스 수준을 파악해 각 프로세스의 목표를 설정하며, 그 목표를 달성하기 위한 프로세스를 재설계함으로써 프로세스 혁신이 가능하다.

서비스의 경영 프로세스 혁신은 실질적으로 서비스에 관한 모든 것을 변화시킨다. 모든 측면, 즉 사람, 일, 관리자, 고객가치는 서로 연결되어 있기 때문이다.

명품 서비스는
마음가짐이 중요

Service의 어원은 'Servant'로 다른 사람을 시중든다는 의미다. 명품 서비스를 제대로 하려면 먼저 봉사하는 마음가짐이 중요하다. 봉사는 내가 남을 섬기되 하인(종)이 된 마음가짐에서 출발해야 한다. 고객에게 봉사하는 마음으로 고객 한 사람, 한 사람의 얼굴을 떠올리며 기쁨을 주기 위해 무엇인가를 준비해야 한다.

우리는 일상생활에서 백화점이나 은행 등에 들렀다가 기분 좋게 돌아온 경험 또는 그 반대의 경우가 있을 것이다. 주로 어떤 점이 우리의 기분을 유쾌하게 만드는가? 아마도 분위기, 청결상태, 상대방의 태도, 용모, 업무처리 속도, 친절, 서비스 등일 것이다.

이러한 경우 기분이 좋다고 느끼면 우리 태도는 어떻게 되는가? 상대에게 협조적 또는 우호적이 될 것이다. 그리고 업무가 끝나면 그 백화점이나 은행에 대한 인상을 쉽게 지워버리지 않고 좋은 감정을 유지하며 계속 이용하게 된다.

서비스는 흔히 '무상으로 제공되는 것', '고객을 대응하는 자세나 태도', '타인에 대한 봉사' 등의 의미로 사용한다. 하지만 우리는 적어도 그 의미를 넘어설 필요가 있다. 공급원가에 마진을 보태 가격을 책정할 때 서비스 요금이 포함되어 있다면 더는 봉사라고 할 수 없기 때문이다. 따라서 단순히 봉사 의미로 서비스를 국한하기에는 어색한 측면이 있다.

앞에서 언급한 바와 같이 어떤 업소에 갔다가 불쾌한 경험을 하면 그곳을 다시 방문하지 않을 확률이 높다. 결국 그 업소는 고객 한 명뿐 아니라 다수의 잠재고객까지 잃어버리는 셈이 된다. 고객의 경험은 업체의 존폐 여부와 직결되기 마련이다. 다시 말해 사업의 성공과 실패는 접점에서 고객을 상대하는 직원들의 손에 달려 있다고 해도 지나친 말이 아니다.

따라서 진정한 서비스 맨이 되도록 직원교육에 아낌없이 투자해야 한다. 회사가 필요로 하는 역량을 갖춘 직원을 확보하기 위해서는 철저한 재교육이 뒷받침되어야 한다. 물론 직능이나 직급에 따라 교육과정이나 수준이 다르므로, 교육과정을 다양하게 세분한 뒤 실시하는 것이 필요하다.

고객 서비스의 1차 목표는 많은 수익 창출일 것이다. 하지만 일을 통해 삶의 의미를 찾을 수 있어야 그 일이 더욱 가치를 발할 것이다. 노력하는 사람을 이길 수 있는 사람은 즐기는 사람이라고 했다. 즐기면서 자기 삶을 혁신한다면 고객에게 하는 명품 서비스는 최상이 되지 않을까.

요즘 기업들은 고객을 이해하려고 진지하게 노력하거나 대화를 시도

하기보다는 광고나 판촉 등 기계적인 마케팅에만 열을 올리는 것처럼 보인다. 기계적인 마케팅의 범람으로 고객들은 광고나 판촉에 큰 감흥을 받지 못하게 되었고, 기업은 원하는 마케팅 효과를 거두지 못하는 추세다. 서비스는 기업과 고객의 끊임없는 대화로 발전할 수 있다. 그러므로 고객과 눈을 마주치며 대화하고 이해하려는 진지한 노력이 필요하다.

고객의 취향은 저마다 개성을 내세우며 탈바꿈한다. 이런 변화에 발맞추어 고객 한 사람, 한 사람에게 가장 잘 어울리는 맞춤형 명품 서비스를 제공해야 한다. 또 자기 자신에게도 서비스를 제공하자. 진정한 자기 혁신으로 자신에게도 질 좋은 서비스를 제공하며 행복한 자기 혁신을 위해 노력하자.

알파벳으로 알아보는 S.E.R.V.I.C.E.의 의미

서비스를 영어로 쓰면 Service이다. 이러한 서비스는 사람들의 마음가짐부터 달라지게 할 수 있다. 여기서 나를 제외한 모든 사람(가족, 친구, 동료 또한 나를 찾아온 모든 사람)을 고객이라 하면 마주치는 모든 사람에게 기쁨을 주는 정성된 마음가짐과 몸가짐으로 살아가야 할 것이다. SERVICE의 일곱 글자를 활용해 서비스의 의미를 되새겨보자.

'S'는 Sincerity, Speed, Smile(성실, 신속, 미소)이다. 이를 '서비스의 3S'라고 한다. 친절서비스는 무엇보다 성의가 있어야 하며 미소 띤 얼굴로 신속하게 제공해야 한다. 성실, 신속, 미소가 몸에 배어야 명품 서비스 경쟁에서 살아남을 수 있다.

'E'는 Empathy & Enthusiasm(공감과 열정)을 가리킨다. 고객관계에서 고객에게 닿으려는 공감과 열정이 있으면 서비스 또한 원활하고 활기차며, 그런 서비스를 받는 고객은 기분이 좋아져 만족하게 된다. 고객에 대한 열정과 더불어 자기 일에 전문성을 더하면 서비스받는 고객의 신뢰도는 더욱 높아질 것이다. 그러려면 자기계발을 게을리하지 말고 자신을 혁신해야 한다. 어제의 자기 자신에 머물지 말고 꿈과 비전을 가지고 열정적으로 새로운 자신을 만들어나가자.

'R'는 Revolutionary(혁신적)이다. 서비스는 항상 새롭고 혁신적이어야 한다. 고객의 기대와 욕구는 폭발적으로 증대하고 커지는 속성이 있다. 또 서비스는 점진적인 개선으로는 고객을 만족시키기 어렵다. 혁명적이고 혁신적이며 파격적일 때 고객은 만족하고 감동한다. 정보화 시대에는 고객이 더 많이, 더 빨리 알 수 있다. 시골에도 컴퓨터가 있고, 들고 다니는 전자매체 덕분에 벽지에서도 정보를 얻을 수 있다. 이렇게 정보력 있는 고객을 끌어들이려면 먼저 새롭게 혁신해야 한다. 그렇지 않으면 고객들의 욕구를 충족시킬 수 없다.

'V'는 Valuable(가치 있는)이다. 서비스는 가치 있는 것이어야 한다. 서비스는 한쪽에는 가치가 있고 다른 쪽에는 희생이 강요돼서는 안 된다. 서비스를 통해 서비스하는 사람과 고객 모두에게 이익이 되고 가치 있는 것이 될 때 진정한 서비스가 된다.

'I'는 Impressive(감명 깊은)이다. 서비스는 고객에게 인상 깊고 감동적이어야 한다. 감동은 거창한 것에서 시작되는 게 아니다. 고객은 별것 아닌 것, 작은 것에 큰 불만을 나타내기도 하고 때로는 감동하기도 한다. 지속적인 만족과 감동 제공을 서비스라고 할 수 있다. 어떻게 해야 고객의 기분이 좋을지 생각하면 고객 서비스의 감동은 시작되리라고 본다.

'C'는 Communication(의사소통)이다. 어디에서나 만남의 첫 번째 의미는 의사소통이다. 서비스는 서비스하는 사람과 고객 사이의 커뮤니케이션 과정이다. 커뮤니케이션이 원활하지 않으면 만족 또한 없다.

'E'는 Evaluate(평가)이다. 서비스는 서비스를 제공하는 자와 고객이 서로 평가하고 평가받는 과정이다. 따라서 고객으로 좋은 평가를 받아야 지속적으로 고객 관계가 유지·발전될 수 있다. 서비스의 핵심 마인드는 고객에게 무엇인가 파는 것이 아니라 그들을 돕는 것이다. 고객은 진심으로 자신을 돕는 전문가에게 기꺼이 비용을 지불한다.

진정한 도움을 주고 싶으면 고객을 존중하고 그들의 진짜 문제가 무엇인지 찾으려 노력하며, 어떤 상황에서도 긍정적 측면의 서비스를 제공하기 위해 조사, 분석, 평가, 개선하려고 노력해야 한다.

고객만족 서비스의 3요소

친절서비스 체계는 서비스 종사자가 고객의 욕구를 충족시키기 위한 물리적·절차적 모든 수단이다. 서비스 시스템은 하드웨어와 소프트웨어로 구성된 컴퓨터 시스템과 비슷하게 설명할 수 있다.

하드웨어 시스템을 실제 행동하는 몸과 표정이나 말투라고 한다면 소프트웨어 시스템은 고객을 대할 때의 마음가짐과 고객에게 친절서비스를 전달할 때 회사가 종업원에게 기대하는 지켜야 할 규칙으로 구성된다.

서비스의 소프트웨어 시스템에서 또 다른 부분은 조직의 친절서비스 문화다. 이는 서비스 전략에 아주 많이 반영된다. 이 문화는 종업원이 공유하는 가치 그리고 문서화되지 않은 규칙과 기준 같은 것이다. 이것은 지켜야 할 문서화된 규칙이 없을 때 종업원에게 지켜야 할 것을 말해준다.

명품 서비스를 펼쳐 고객만족을 실현하려면 기본적으로 3요소, 즉 하

드웨어 요소와 소프트웨어 요소, 휴먼웨어 요소가 필요하다.

그 의미를 살펴보자면 첫째, 하드웨어 요소는 기업의 이미지, 브랜드 파워, 매장의 편의시설, 고객지원센터, 인테리어, 분위기 연출 등을 말한다. 둘째, 소프트웨어 요소는 기업의 상품, 서비스 프로그램, 애프터 서비스와 고객관리 시스템, 부가서비스 체계 등을 말한다. 셋째, 휴먼웨어 요소는 기업에서 근무하는 사람들이 지닌 서비스 마인드와 접객 서비스 행동, 매너, 조직문화 등을 말한다.

하드웨어 요소와 소프트웨어 요소, 휴먼웨어 요소는 어느 것이 더 중요하다고 할 수 없을 만큼 모두 중요하다. 세 요소가 유기적으로 조화·균형을 이룰 때 고객만족 경영을 실현할 수 있다.

이 3요소는 서로 절충하는 방식이 아니라 곱하기 논리방식을 갖고 있다. 하드웨어 요소와 소프트웨어 요소, 휴먼웨어 요소 가운데 하나라도 0점을 받으면 다른 요소가 100점이더라도 결론은 0점이다.

최고급 시설에서 좋은 상품과 좋은 서비스 프로그램으로 운영한다 해도 서비스에서 고객을 만족시키지 못하면 고객은 달아난다. 또 낡고 칙칙한 시설에다 제대로 된 서비스 프로그램도 갖추지 못한 데서 직원들에게 서비스만 강요하면 제대로 된 서비스 만족을 창출하지 못한다.

서비스 만족 경영의 주요 대상은 고객이지만 고객을 만족시키는 주체는 바로 휴먼웨어인 사람이다. 따라서 서비스 만족을 위해서는 내부고객을 먼저 만족시켜야 한다. 내부 서비스 만족은 조직 문화에서 시작된다. 전형적인 조직에서 생산성 향상을 꾀할 수 있는 부문은 효율적인 휴먼웨어를 활용하는 것이다.

직원들이 고용불안과 불확실성 때문에 직장에서 활력을 잃으면 회사도 침체되는 경향을 보인다. 따라서 회사가 활력을 찾으려면 먼저 전체 임직원 개개인이 열정을 발산할 수 있는 생기 있는 조직으로 바꿔야만 한다.

우리는 외부고객(소비자, 바이어, 거래처 등)은 하늘이고 임금이며 신이라는 말을 쉽게 한다. 이제는 내부고객(조직 내 사원)도 하늘이나 임금처럼 대우해야 할 때다.

그러려면 다음 세 가지 요건을 충족해야 한다. 첫째, 경영자를 포함한 관리자와 사원의 의사소통이 원활해야 한다. 둘째, 성과에 대한 직접적 보상으로 동기부여를 해야 한다. 셋째, 사원들을 논리적으로만 만족시키려 하지 말아야 한다.

결국 내 가족, 내 고객(사원)을 위해 좀 더 세심한 시스템적 사고의 견지에서 감성적으로 원활한 의사소통, 사원복지, 성과와 공헌도에 따른 보상체계를 활용하여 고객(사원) 모시기에 전력을 기울여야 한다.

명품 서비스도
기본과 원칙에 충실해야

세상에는 개성이 다른 수많은 사람이 있듯이 서비스를 찾는 고객도 마찬가지다. 어린아이에서 100세 노인까지 일일이 언급하기 힘들 만큼 다양하다. 경영은 이렇게 다양한 고객의 욕구에 알맞은 서비스 활동을 통해서 한다. 경영은 결국 사람이 하는 것이기 때문에 가장 중요한 것은 서비스를 둘러싼 인간의 사고와 행동을 규율하는 가치관이다.

서비스의 한계는 무한하지만 상품이나 상품 서비스에도 도덕이 있어야 한다. 상품은 품질이 좋아야 하며 고객이 사용해서 이익이 되고 사회에 유익한 가치를 제공해야 한다. 예컨대 큰 수익을 올릴 수 있어도 불법 마약을 팔아서는 안 되는 이치와 같다.

고객관계에서 원칙에 충실하는 것은 대단한 힘을 발휘한다. 원칙에 충실한 상대에게는 원칙을 벗어나는 요구를 할 수 없다고 생각한다.

고객관계를 잘하는 기업을 살펴보면 그들은 원칙과 행동이 언제나 일치했다는 것을 알 수 있다.

서비스는 상품을 팔기 전에 고객에게 가치를 제공하고 서비스하려는 마음, 혼, 정신을 양심적·인격적으로 제시해야 한다. 결국 서비스는 고객에게는 만족과 효용가치를, 서비스에게는 이익과 직업의 보람을 주는 행위라고 할 수 있다.

이렇게 볼 때 서비스에서 이루어지는 경영 활동의 의의는 네 가지로 볼 수 있다.

첫째, 고객과의 만남이다. 상품의 서비스는 고객과의 인격적·교육적·신앙적·직업적인 만남이다.

둘째, 상품을 팔기 전에 서비스의 인격을 제시한다. 상품 서비스 활동은 직원 자신의 교양과 신용을 나타낸다. 따라서 몸, 마음, 정신, 신념이 조화되어야 한다.

셋째, 원활한 의사소통이다. 상품 서비스 활동은 서비스를 전달하는 것이다. 또 상품 서비스 활동과정에서 직원의 인격을 언어적·비언어적으로 전달하는 것이다.

넷째, 상담 화법은 상대방 위주로 알기 쉽게 한다. 가능한 한 쉽게 말하고 전문용어는 피할수록 좋다. 고객이 듣고 그에 대해 이야기해야 한다. 서비스는 상품만을 파는 것이 아니라 상품을 통해 고객의 만족을 극대화하고 눈에 보이지 않는 노하우를 파는 것이다.

그러므로 서비스는 다음과 같이 효율성, 신뢰, 컨설팅을 제공하도록 해야 한다.

첫째, 상품의 효율성을 팔아야 한다. 고객이 꼭 필요한 상품을 권장해

가치를 높여주는 것이다. 예를 들어 업소용 대형 냉장고를 가정주부에게 팔았다고 하자. 그 서비스 맨은 상품만 서비스한 것이지 기능이나 효율성은 서비스하지 못하고 상품을 판매한 것이다. 마찬가지로 자동차를 판매할 때도 자동차의 쾌적성, 안정성, 기능성 등을 고려해 고객의 차고, 가족 수, 용도, 수입 등에 맞는 자동차를 선택할 수 있도록 제안해야 한다.

둘째, 신뢰와 서비스를 팔아야 한다. 서비스는 자신의 신뢰성을 함께 팔고 서비스 확신과 상품의 품질보증 등을 팔며 실제 행동으로 실천해야 한다. 얼렁뚱땅 팔아치우는 근시안적 서비스는 서비스 생명을 단축시킨다.

셋째, 앞서 제시한 효율성을 충분히 자문하고 신뢰를 줄 컨설팅을 실천해야 한다. 서비스는 단순히 상품만 파는 것이 아니라 상품의 효용성과 서비스의 기능, 건강 자문 역할까지 수행해야 한다.

고객이 떠난 것은
100퍼센트 내 책임

고객만족은 고객이 원하는 것을 서비스하거나 고객의 불만을 해소하는 것이다. 까다롭게 따지거나 항의하는 고객을 심정적으로 피한다면 그것은 자기 임무를 회피하는 것이다.

우리 동네의 전철역 주변에는 슈퍼마켓이 두 곳 있다. 급히 필요한 물건이 있어서 한 가게에 들어서는데 주인아저씨와 고객인 듯한 아주머니가 언성을 높이며 싸우고 있었다.

전후 사정이야 알 수 없었지만 주인아저씨가 "당신한테 물건 팔아 그깟 5,000원 안 벌어도 장사할 수 있으니 그냥 가슈!"라며 소리를 질렀다. 아주머니는 몹시 불쾌해 하면서 가게를 나섰고 나도 슬그머니 나와 다른 가게로 갔다.

집으로 돌아오는 길에 '그 가게 주인은 5,000원만 손해 보았을까' 하는 의문이 생겼다. 당장은 그렇게 보일지도 모르지만 그 주인이 미처 계산하지 못한 잠재적 손실은 상당하다고 할 수밖에 없다.

사람들은 자신이 당한 일을 이야기할 때 상대방의 공감을 얻으려고 자기에게 유리한 쪽으로 이야기하는 경향이 있으므로 입에서 입으로 전해지면서 그 가게 주인은 점점 몹쓸 사람이 될 가능성이 많고, 실제로 그 가게는 손님이 점점 줄어들 것이다.

거의 모든 기업이 고객 서비스 경영을 내세우면서 고객을 만족시키려고 노력하는데, 소형 점포에서 고객 서비스 경영의 핵심은 단골고객 확보다. 즉 기업은 고객을 만족시킴으로써 충성스러운 고객을 많이 확보할 수 있고, 이 고객이 기업의 큰 자산이 된다.

물론 세상은 넓고 가망고객(언젠가 고객이 될 가능성이 있는 사람)은 많다고 할 수도 있지만 새로운 고객 창출에는 더 많은 시간과 노력 그리고 돈이 든다.

친절서비스를 제공하는 사람도 고객도 같은 사람이며, 때로는 서비스를 제공하는 사람이 고객이 될 수 있다. 고객 또한 다른 의미에서 서비스를 제공하는 사람이 될 수 있다. 그렇기 때문에 고객의 불만족에서 공통적으로 발견되는 서비스상의 문제 몇 가지를 구분해낼 수 있다. 칼 알브레히트는 고객의 불만을 분석·검토해 공통요인을 제시하였는데, 그 유형을 '서비스의 7대 죄악'이라고 규정지었다.

첫째, 무관심형이다.

'그 일은 고객의 일이지 제 일이 아닙니다'라는 식의 무관심은 고객을 정말 화나게 만든다. 이 같은 태도는 흔히 '그것은 경리부서 일인 것 같은데요. 그쪽에 알아보세요'라고 한다든지 고객이 상대방에게 도움을 요청할 때 무관심으로 일관하는 것을 예로 들 수 있다.

둘째, 무시형이다.

일부러 고객을 못 본 척하며 고객의 일 따위는 안중에도 없다는 태도다. 교대시간을 핑계로 고객의 요구나 도움 요청에 무관심으로 일관하는 것을 예로 들 수 있다. 백화점에서 교대시간을 기다리는 직원에게 물건을 찾아달라고 했을 때 '여기는 내 관할구역이 아니다' 는 식의 태도를 보이면 고객은 다시는 오고 싶지 않다.

셋째, 냉담형이다.

예를 들면 계산대에 있는 사람은 가장 먼저 고객과 대면하고 가장 마지막으로 대면하는 사람인데도 붙임성 없이 냉담한 자세로 돈 계산에만 열중하는 경우다.

건물의 안내 데스크도 마찬가지로 냉담하게 사무적으로 고객을 맞는 경우가 흔하다. 기업을 찾는 고객은 카운터나 안내 데스크 또는 경비원에게서 기업의 이미지를 느끼게 된다. 입구에서 외부고객을 상냥하게 웃으며 따뜻하게 맞아준다면 그날 비즈니스는 좋은 분위기에서 진행될 것이다.

넷째, 어린애 취급형이다.

예를 들어 의사에게는 깍듯이 존칭하면서 환자는 어린아이 대하듯 하며, 환자가 병의 원인을 알고 싶어 하면 '자세히 말해줘도 잘 모를 텐데' 하는 태도를 보인다. 병원뿐만 아니라 부하직원이나 상담하러 온 고객에게 그 같은 방식으로 대할 때가 있음을 유의해야 한다.

다섯째, 로봇과 같은 천편일률형이다.

모든 손님에게 한결같은 동작과 슬로건으로 대하는 기계 같은 행동, 손님은 쳐다보지도 않고 자기 일을 하면서 "어서오세요", "감사합니다. 또 오세요"와 같은 인사말을 되풀이하는 행동은 짜증을 유발할 때가 많다.

휴대전화를 사용하다가 애로사항이 생겨 본사로 전화하면 '서비스센터로 문의하라'고 한다. 서비스센터에 전화하면 '직접 와서 문의하라'는 직원의 목소리만 앵무새처럼 들려온다. 서비스센터로 찾아가면 '접수대에서 서류양식에 맞게 작성해 제출하고 기다리든지 바쁘면 다음 날 와서 찾아가라'고 한다. 다음 날 가면 서류에 '이상 없음'이라는 글자만 적혀 있다.

고객이 알고 싶은 사용상 애로점을 상담할 기술자 한 명 보이지 않고 휴대전화와는 전혀 상관없는 직원만 전화를 받으며 접수창구에서 매일 똑같은 말만 되풀이할 때 고객은 정말 화난다.

여섯째, 규정 제일주의형이다.

고객의 사정은 아랑곳하지 않고 전혀 유연성 없는 조직의 규칙만을 우선하는 풍토다. 규정이 없으면 하지 않아도 무방하며 아무리 불합리한 규정이라도 조직과 규정을 위해 지키기를 강요하는 풍토, 인간적인 사고나 판단을 모두 배제하고 말하도록 훈련되고 요구받기 때문에 어느 누구에게도 생각할 권한이 주어지지 않는 유연성이 결핍된 풍토는 고객을 화나게 만든다.

고객은 규정에는 관심도 없으며 규정을 알지도 못하기 때문이다. 규정을 어느 정도 지키려는 마음을 모르는 것은 아니지만 진심어린 유연함을 보여주면 고객은 감동을 받는다.

일곱째, 책임회피형이다.

무조건 서비스하는 곳과 관련이 없다고 하며 책임을 전가하는 경우다. 불만이 있는 고객이 통화하면 적당하다고 생각되는 부서로 전화를 돌리고는 모른 척하는 태도다. 고객이 불만이 있거나 요구 사항이 있는 전화라면 더욱 그러하다. 이는 우리 주변에서 늘 있는 일인데, 고객이 참는 것뿐이다. 각 기업의 내부에도 이처럼 참는 내부고객과 조직원이 많을 것이다.

작은 변화가 큰 것을 변화시킬 수 있다. 가까이 있고 쉬운 것부터 개선하려는 노력이 곧 혁신하는 지름길임을 인식해야 한다. 주변에 화를 내는 고객이 없는지 잘 살펴보자.

Part 2

발상의 전환이 필요한
명품 친절서비스

불황에도 고객의 마음을 사로잡는 브랜드는 분명 있다. 고객의 지갑을 열 새로운 방법
이 있을까? 고객에게 남다른 만족을 주는 비결은 경영 차별화다. 늘 고객만족부터 생
각하자. 먼저 고객을 만족시켜야 한다.

신세대의 특성에
주목하라

세대 차이가 자주 거론되고 있다. 그렇다면 세대란 무엇일까? 흔히 거론하는 세대는 '특정한 역사적 사건을 공유하며, 사고방식과 생활양식에서 공통점을 지니게 되는 동일한 연령집단' 이다.

인터넷이 널리 보급되면서 P세대, N세대의 등장과 더불어 직장과 가치관이 급격히 변하고 있다. P세대의 등장은 소비패턴과 생활상을 더욱 변화시키고 있다. P세대는 적극적으로 참여(Participation)하며 열정(Passion)과 잠재적 파워(Potential Power)를 가지고 패러다임을 변화(Paradigm Shift)시키는 세대라는 뜻이다. 이들은 다양성 추구, 탈권위주의, 적극적인 자기표현으로 유교적 가치관에서 탈피해 개인 중심적인 의식을 많이 지녔다.

또 인터넷을 통한 관계형성, 사교성, 정보공유, 수평적 토론문화 등의 사회적 관계형성을 매우 중시하며, 정보교류에도 무척 긍정적이다. 이들은 재미와 도전을 추구하고, 참거나 고민하지 않으며 자유롭게 생각하고 행동으로 옮긴다.

이러한 신세대를 통해 한때 패러다임의 전환이라 할 만큼 사회 전반의 변화를 경험하였다. 예를 들어 월드컵 열기와 대통령 선거, 촛불시위 주도는 이러한 변화의 단적인 사례다. 이들은 월드컵 축제를 시작으로 전에 없던 집단적 거리문화를 만들었으며, 다양한 의견을 자유롭게 표출하고 공유하려는 열정을 보여주었다.

이들은 온라인과 오프라인을 넘나드는 네트워크를 구축해 하나로 결집될 수 있는 잠재적 힘이 있으며, 자유롭고 창의적인 의식과 행동으로 기존 관습이나 관념에서 탈피해 새로운 변화를 만들고 있다.

따라서 수직적이고 권위적인 과거 문화에서 비롯한 지시적이고 획일적인 방법은 수평적이고 탈권위적 문화를 추구하는 이들을 더는 수용할 수 없다. 예를 들면 신세대로 상징되는 이들은 기성세대를 나이가 많다는 이유만으로 다르게 생각하지 않는다.

나이가 많다는 것은 '나보다 먼저 태어났을 뿐이고 언젠가 나도 나이를 먹는다'고 보고 나이 든 사람의 지시를 따르지 않는다. 심지어 회사에서 임원을 대할 때도 '나보다 먼저 입사해 그 자리에 있을 뿐 할 말은 하고 살자'는 생각으로 그들의 지시에 일방적으로 반응하지 않는다. 이러한 가치관과 패러다임의 변화는 특히 수평적 사회에서는 지시보다 설득이 더욱 중요함을 의미한다.

요즘 지구촌 아이들은 디지털 환경에 둘러싸여 자란다. 어릴 때부터 젓가락보다 컴퓨터 마우스와 휴대전화를 먼저 손에 쥐고, 인쇄 매체보다 디지털 매체를 먼저 접하면서 자란다. 이런 세대를 일컬어 '넷 세대(Net Generation)'나 'N세대' 또는 '디지털 네이티브(Digital Native)'라고 한다.

N세대는 네트워크를 자기 감각기관이나 운동기관으로 쓸 줄 아는 세대를 의미한다. N세대는 자유를 최고의 가치로 여기고 모든 걸 자기 취향에 맞추며 재미와 스피드를 즐긴다. N세대의 특징은 다음과 같다.

첫째, N세대는 돈비(Don't be worry)족으로 선택의 자유를 최고 가치로 여긴다. 기성세대처럼 대학을 졸업하고 직장에 다니는 순차적 삶을 거부하고, 매사에 걱정이 없으며, 일하고 싶을 때 일하고 놀고 싶을 때 언제든지 사표를 던진다(Freedom).

둘째, 상품과 서비스 등 모든 것을 자기 취향에 맞게 변형하고 자기 것으로 만들기를 원한다. 휴대전화나 MP3 플레이어를 구입하면 겉모양과 색깔 등을 자기 취향대로 꾸미고, 필요하면 소프트웨어도 스스로 개발해 사용한다(Customization).

셋째, 어떤 사안에도 사실 여부를 검증한다. 신문이나 방송의 보도에 의문이 있으면 관련 사실을 조사해 온라인에 결과를 전파하면서 여론을 조성한다(Scrutiny).

넷째, 통합의 가치를 높이 산다. N세대는 인권을 중히 여기며 저개발국의 열악한 노동환경에서 생산된 농산물이나 제품의 구매를 거부하는 등 세계 통합을 추구한다(Integrity).

다섯째, 늘 재미를 추구하는데 직장이나 학교에서도 마찬가지다. 구글 직원은 회사 마당에 있는 간이 수영장에서 수시로 수영을 즐기고, 애

완견을 사무실에 데리고 와서 근무한다(Entertainment).

여섯째, 스피드를 중시한다. 하루에도 수십 통의 이메일을 주고받고, 메신저로 전 세계 곳곳에 있는 사람들과 정보를 교환한다. 이메일을 보내고 즉시 답장을 받지 못하면 얼굴을 돌린다(Speed).

일곱째, 기존 질서에 머물지 않으려고 한다. 이에 따라 기업은 혁신 제품을 쉬지 않고 내놓아야 한다. 휴대전화 제조업체가 6개월에서 1년 단위로 혁신 제품을 쏟아내는 것도 N세대의 이러한 혁신 정신 때문이다(Innovation).

이런 특징을 지닌 N세대가 학교와 직장, 정치제도 등 지구촌의 기존 질서를 뿌리부터 해체하면서 새로운 질서와 문화를 창조하고 있다. 또 N세대가 국경과 인종을 넘어 서로 연대하면서 지구촌을 지배하는 '최초의 글로벌 세대'가 될 것으로 전망한다.

N세대는 기성세대처럼 학교에서 주입식으로 지식을 배우려 하지 않는다. 컴퓨터 게임으로 전략을 익히고, 문제해결 능력을 갖춘다. 음악을 좋아하는 N세대는 온라인에서 국경을 넘어 다양한 친구들과 협업하면서 작품을 만들고 다른 친구들의 평가를 받는다. 이들은 이런 경험을 바탕으로 자기 취향과 개성을 살리면서 재미있게 일할 직장을 원한다.

이상과 같이 신세대인 P세대나 N세대의 특성을 알고, 이에 걸맞은 고객서비스나 대화를 전개해야 한다.

불황기에는 고객 서비스 경영도 업그레이드하라

불황기 고객 서비스 경영은 톡톡 튀어야 한다. '톡톡 튄다'는 것은 일반적인 방법이나 늘 그래왔던 방법으로는 사람들의 이목을 끌 수 없으며 효과적이지도 않다는 뜻이다.

아이디어는 어디에나 널려 있다. 아이디어가 없다는 것은 새빨간 거짓말이고 아이디어를 실행할 용기와 의지가 부족할 뿐이다. 아이디어를 낸 뒤에는 실행할 수 있어야 한다. 이제는 모두에게 무난하고 호감을 주는 제품은 실패하기 쉽다. 비난을 두려워해서는 안 된다.

발상을 바꿔주는 6가지 사고법을 기억하라. 대체, 역발상, 결합, 과장, 제거, 재정렬! 우리 상품을 다시 한 번 뜯어보라. 빼거나 덧붙일 만한 상품 요소는 없는가?

수평이동 발상으로 남과 다르게 만들면 입소문은 절로 난다. 제품이나 서비스 요소, 포장, 용도, 브랜드 속성 등 상품 요소를 바꿔보고, 이미 만든 상품에 어떤 가격을 매기고 어떻게 유통하고 촉진할까 하는 모든 과정에서 수평이동 발상전환을 이용할 수 있다.

수없이 많은 방법으로 고객 서비스 경영을 펼치는 기업들 사이에서 고객에게 어필하려면 누구도 생각지 못한 창의력이 중요할 수밖에 없다. 발상과 기획이 기존과 확연히 다를 때 '톡톡 튀는 고객 서비스 경영'이라 한다.

톡톡 튀는 고객 서비스 경영을 하려면 먼저 업계, 인근 분야, 국내사례, 해외사례 등을 모은 뒤 완전히 다른 방식으로 접근해서 기획해야 한다. 완전히 다름을 쉽게 표현하면 지금까지의 사례를 벤치마킹하되 현실에 한 걸음 앞선 기획이다.

참고로 반걸음 미래는 남보다 반걸음만 앞서는 것이다. '남보다 반걸음만 앞서면 돈을 번다'는 마케팅 명언이 있다. 남보다 너무 앞서가도 실패하고 너무 뒤처져도 실패하는 것이 사업이다.

많은 기업들이 불황기를 맞아 고객을 확보하고 유지하기 위해 명품 서비스 경영을 더욱 강화하고 있다. 따라서 이제는 속도전을 해야 한다. 퀵 서비스하라. 21세기 모든 산업의 키워드는 속도다. 고객이 명품 서비스를 받기 위해 기다리지 않게 해야 한다.

효율적인 대기시간 관리에는 심리학적 접근이 필요하다. 기다림의 심리는 설명할 수 없고, 불쾌하며, 불편한 것임을 알아야 한다. 대기해야하는 이유를 고객에게 설명하면 고객은 이 시간을 가능한 한 즐겁게 기다릴 것이다. 기다리는 동안 오락적인 요소(음악이나 오락기구)나 편안한 요소(안락한 의자)를 동원함으로써 대기시간을 즐겁게 할 수 있다.

오늘의 친절서비스에 안주하지 마라. 고객의 소리에 진솔하게 귀를 기울여야 한다. 고객 가운데 불만을 제대로 제기하는 이는 극히 소수이며, 절대 다수는 불만이 있어도 침묵하다가 말없이 떠난다.

따라서 침묵하는 대다수 고객의 마음을 사전에 파악해 우리 기업을 계속 좋아하고 지속적으로 구매하게끔 붙들어놓아야 한다. 고객의 소리에 귀를 기울여 고객가치를 증대시킬 제품과 명품 서비스를 개발하는 기업만이 살아남을 수 있다. 우리 고객이 무엇에 만족하고 어떤 요소에서 불만인지에 끊임없이 귀를 기울여야 한다.

고객에게 각광받는
역발상 창조경영

세상이 거꾸로 돌아가면 물구나무서기를 하라. 우리는 달걀을 세울 수 없다는 사람들 앞에서 과감하게 달걀을 조금 깬 뒤 세운 콜럼버스의 일화를 잘 안다. 이 일화에서 달걀을 깨뜨려서는 안 된다는 조건이 없었음을 인식하는 게 중요하다.

사람들은 다른 이가 새롭게 하는 일이나 결과물을 낮게 평가하는 경향이 있다. 그러나 역발상으로 성공한 사례는 세계 역사에서 면면히 이어진다. 가장 먼저 역발상을 시도하는 자만이 성공할 수 있다. 3M에서 고성능 접착제를 개발하기 위해 몇 달 동안 연구하던 연구원이 있었다. 개발된 접착제는 접착력이 강하지 않아 별다른 성과 없이 시간이 흘렀다. 그는 연구 도중 실패한 잘 떨어지는 접착제를 종이에 붙여 책갈피 대신 사용했다. 이 접착제는 접착력은 강하지 않지만 잘 붙고 잘 떨어져 책갈피로 안성맞춤이었다.

어느 날 3M의 경영자가 성경에 붙은 종이를 살펴보더니 신기한 듯 말했다. "이것 참 편리한데, 상품으로 만들어도 좋겠는걸!" 이것이 지금은 보편화된 3M의 포스트잇 탄생 배경이다. 본래 의도한 강력 접착제보다 더욱 각광받는 신상품이 개발되는 경우 가운데 가장 대표적인 사례다.

도쿄의 스기나미에 있는 자전거 가게를 처음 방문하면 황당한 경험을 한다. 구입하려는 모델의 돈을 지불해도 타고 갈 완제품이 없기 때문이다. 이 가게에서는 고객이 자전거를 산 다음 손수 조립해야 한다. 조립 설명서와 공구상자를 주는 것이 손님에게 하는 마지막 배려다. 하지만 조립은 어렵지 않아 일반 자전거라면 어린아이나 여성이라도 30분이면 충분히 조립한다.

상식적으로 생각할 때 불편함을 감수해야 하는 자전거 가게가 어떻게 고객에게 사랑받을 수 있는지 고개가 갸우뚱해진다. 하지만 편리한 기성품에 신물이 난 고객 그리고 만들고 조립하기를 좋아하는 고객은 완제품을 원하지 않는다는 심리를 꿰뚫은 역발상의 결과다. 결국 자전거한 대를 구입하기 위해 손수 조립하고 색칠도 하는 행위를 즐기는 고객에게는 그냥 자전거가 아니라 직접 만든 노력이 깃든 추억이 된다.

미국의 대형마트에서는 계산원이 돈을 받는 계산대 말고도 고객이 카드로 계산하는 무인 계산대가 있다. 일본에는 고객이 직접 물건 값을 계산하고 지불하는 슈퍼마켓이 있다. 대형 슈퍼마켓 체인인 '이온'은 무인계산 시스템을 도입했다.

이 시스템은 계산대에서 고객이 손수 바코드 판독기에 상품을 대고 계산한 다음 자동현금지급기로 현금이나 신용카드로 물건 값을 지불하는 것이다. 무인계산대와 일반계산대를 병행하는 것이 아니라 고객이 온전히 직접 계산하는 이곳에는 계산하지 않고 바구니에 담거나 실수로 빠뜨리는 경우를 막는 장치도 갖추었다.

바코드 판독기 앞뒤의 계산대 선반에 구매한 물건의 무게를 자동 측정하는 장치를 설치해 이 같은 부정이 발생하면 계산대 화면에 경고 메시지가 뜨면서 계산 작업이 중단된다. 이온은 무인계산대 4대당 한 명 꼴로 관리 점원을 배치하여 고객의 불편을 최소화한다.

색다른 고객에게는
색다르게 서비스하라

기업에게 고객은 하나하나가 모두 다르다. 하지만 기업은 고객의 특성을 분석하기 위해 비슷한 고객별로 분류하는 과정이 필요한데 이마저 더욱 개성이 넘치는 고객들이 많아지면서 어려워지고 있다.

고객이 똑같지 않다는 것을 알면서도 지속적으로 비슷한 마케팅 캠페인을 기획하고, 일률적인 서비스를 제공한다면 아무런 소용이 없다. '만족' 하는 고객은 많지만 '매우 만족' 하는 고객은 오히려 줄어들거나 만족하는 고객의 그늘에 가려 고객만족도 조사에서 침묵을 지키는 '불만고객' 이 많아진다면 이것은 기업에게는 큰일이 아닐 수 없다.

고객 가운데는 이익이 되는 고객과 이익이 되지 않는 고객이 있다. 일대일 서비스가 언뜻 보기에는 대단한 서비스로 보이지만 이익이 되지 않는 고객에게까지 극진히 대응한다면 기업의 수익성은 떨어질 것이다. 그러나 놀랍게도 기업들이 이익이 되지 않는 고객에 오히려 더 정중히 대응하는 경우가 많다.

기업이 고객 하나하나의 개성에 맞는 일대일 서비스를 하기 위해서는 고도의 발상의 전환이 필요하다. 예를 들면 도쿄의 디즈니랜드에서는 하루에 20톤이나 되는 쓰레기가 생긴다.

그런데 '쓰레기를 버리지 마시오'라는 표어는 어디에서도 찾아볼 수 없다. 휴일 평균 5만여 명이 다녀간다는 곳에 쓰레기통 표지판이 보이지 않는다. 입장객이 쓰레기를 버리는 것은 아주 당연하다는 현실적 사고방식 때문일까?

이는 '버리지 마시오'라는 식의 무의미한 강제보다는 버리게 하되 이편에서 재빨리 줍는 것이 낫다는 역발상인 셈이다. 사람의 심리가 참으로 묘해서 막상 버리라면 여간해서 버리지 않는다.

또 이곳은 15분 사이클 원칙을 세워놓고 청소원이 자기 구역을 15분마다 청소하는 관리 시스템을 가동한다. 눈앞에서 쓰레기 줍는 사람을 보면서까지 버리려는 사람은 더더욱 없다. 그리하여 입장객이 버린 쓰레기가 바닥에 떨어진 상태에서 15분을 넘지 않기에 늘 청결을 유지한다.

뉴욕 맨해튼 중심부 42번가에 그랜드 센트럴 터미널이 있다. 이곳에서는 하루 500편 이상의 열차가 출발하고 도착하며 하루 평균 50만 명이 드나든다.

이 터미널에 스쿼시 경기장이 문을 열었다. 하루 일과를 마치고 집으로 가려고 기차를 타려던 뉴요커들은 터미널 입구의 더빌트 홀에 있는 이동식 스쿼시 경기장을 신기한 듯 쳐다본다.

경기장은 사방을 투명 유리벽으로 처리했다. 관중석 500개가 경기장

유리벽 세 면을 에워싸고 있다. 다른 한 면은 터미널을 오가는 시민들이 공짜로 볼 수 있게 좌석을 설치하지 않았다. 이러한 무료관람객에게 자신들의 경기를 보여주고 싶어 하는 사람들로 경기장은 인기를 누리고 있다.

 # 톡톡 튀는 다양한 서비스로 승부한다

불황에도 고객의 마음을 사로잡는 브랜드는 분명 있다. 고객의 지갑을 열 새로운 방법이 있을까? 고객에게 남다른 만족을 주는 비결은 경영 차별화다. 늘 고객 만족부터 생각하자. 먼저 고객을 만족시켜야 한다.

고객의 만족은 오래가지 않는다. 고객의 기대는 점점 올라간다. 끊임없이 고객의 기대를 뛰어넘는 순간 감동이 찾아온다. 그런데 문제는 이렇게 하려면 비용이 많이 든다는 것이다. 기대를 채우기 위해 기존 상품에 무언가를 끊임없이 더하려면 비용 부담이 커진다.

원가를 낮추면서 고객의 기대를 뛰어넘는 방법은 없을까? 고객들이 당연하게 기대하는 것을 주지 마라. 그 대신에 기대하지 않은 더 좋은 것을 줘라. 이것이 '상품 재구성'이다. 상품을 재구성할 때 주의할 점이 세 가지 있다.

첫째, 고객가치의 변동에 민감해야 한다. 기내식은 예전에는 중요하게 여기던 서비스지만 지금은 그렇지 않다. 고객이 중요하게 느끼는 가치가 변하는 움직임을 잡아내야 한다.

둘째, 지속 가능한 차별화인지 살펴야 한다. 내 전략을 경쟁자가 쉽게 따라 할 수 있으면 곤란하다.

셋째, 싸구려 이미지를 주어서는 안 된다. 제트 블루는 저가항공이지만 세계적 인터넷업체 구글 직원들이 모두 타는 세련된 브랜드로 인식시켜 성공할 수 있었다.

기내식 없는 비행기, 이자 안 주는 은행 등 독특한 발상으로 차별화 경영에 성공한 기업들이 있다.

마케팅은 간단히 말해 고객의 선택에 영향을 주는 모든 활동이다. 그런데 고객이 사려는 것이 과연 우리가 파는 '상품' 일까? 그렇지 않다. 고객은 물건이나 제품, 서비스 등 겉으로 보이는 상품이 아니라 '감동' 을 산다. 그래서 불황일수록 지친 마음을 어루만지는 감성마케팅이 뜬다.

불황기 차별화 고객 서비스 경영에는 두 가지 방법이 있다. 원가를 낮추면서도 고객의 기대를 뛰어넘는 방법인 '상품 재구성' 과 생각을 뒤집어 보는 '수평이동 발상' 이 그것이다.

▧ 상품을 재구성하라 : 기내식 없는 비행기, 이자 안 주는 은행

미국의 저가항공사 제트 블루는 연평균 30퍼센트 성장률에 4년 연속 흑자라는 놀라운 성과를 달성했다. 수많은 항공사가 경쟁하는 속에서 어떻게 이런 성공을 거뒀을까? 단순히 값이 싸서일까? 그렇지 않다. 이 항공사는 남들이 주지 못한 감동과 만족을 줌으로써 승객을 끌어모았다.

제트 블루의 비행기에는 1등석이 없고 모두 이코노미석이다. 게다가 비행시간이 5시간인데도 기내식이 없다. 당연히 줄 것이라고 생각한 기내식이 없는데도 승객들은 불만이 없다. 돈 내고 사 먹는 것조차 안 된다. 그 대신 제트 블루는 위성텔레비전을 마음대로 볼 수 있는 화려한 엔터테인먼트 시스템과 무제한으로 먹을 수 있는 스낵, 편안한 가죽시트와 넓은 좌석 공간을 갖추었다.

기내식은 누구나 당연하게 여기지만 고객이 느끼는 가치가 그다지 크지 않은 서비스다. 하지만 비용은 만만치 않게 든다. 제트 블루는 고객이 감동하지 않는 당연한 서비스에 돈을 안 쓰는 대신 저가항공사들이 생각하지 않았던 엔터테인먼트 기능을 갖추는 데 투자해 고객의 감동을 이끌어냈다.

좁은 이코노미석에 앉아 어느 항공사에서나 비슷하게 주는 맛없는 기내식을 먹기보다는 소파에 누워 텔레비전을 보듯 편안한 비행을 원하는 승객들의 니즈를 포착하여 서비스를 차별화한 것이다.

이런 사례는 또 있다. 미국의 커머스 뱅크는 돈을 맡겨도 이자를 안 준다. 그러나 사람들은 커머스 뱅크를 찾는다. 왜일까? 이 은행은 일주일 내내 문을 연다. 게다가 다른 은행에서는 수수료를 받는 동전 교환을 무료로 해준다. 커머스 뱅크의 점포에는 동전 자동계산기가 있어 고객은 동전이 쌓이면 이 기계에 넣어 센 다음 지폐로 바꿀 수 있다.

이렇게 편리한 서비스 때문에 몇 푼 안 되는 이자가 없어도 고객이 기쁘게 찾는다. 요즘 같은 저이율 시대에는 더 잘나간다. 커머스 뱅크는 남들이 다 주는 적은 이자를 안 주고 아무도 주지 않는 서비스로 감동을 준 사례다.

✖ 생각을 뒤집어라 : 악명 높은 햄버거로 승부

미국 패스트푸드 시장점유율 1위 업체는 어딜까? 전 세계 1위이기도 한 맥도널드가 1위이고 2위는 버거킹이다. 그러면 하디스는 어디쯤 있을까? 정확하지는 않지만 3위 다음 어디쯤일 것이다. 7년 연속 적자를 낸 하디스에 신임 CEO가 취임하여 흑자 전환이 목표라고 선언했다. CEO는 먼저 컨설팅업체에 난관을 탈출할 방법을 의뢰했다. 그런데 "외식업의 기본인 맛, 청결, 서비스 수준을 높이라"는 빤한 대답만 내놨다. CEO는 컨설턴트의 조언을 따랐을까? 그 반대였다.

하디스는 컨설팅 결과를 철저히 무시하고 남들과 다른 길을 선택했다. 남들이 찾던 웰빙 트렌드를 무시하고 햄버거를 좋아하는 사람들만을 위해 맛은 좋은데 칼로리는 엄청나게 높은 버거를 만들겠다고 했다. 메이저가 아님을 인정하고 남과 다른 스페셜리스트가 되겠다는 것이었다. 쇠고기 패티, 베이컨, 치즈 등을 2배씩 넣는 등 맛과 모양을 크게 키운 'Thick Burger(두꺼운 버거)'는 미국 최고 햄버거에 선정되기까지 했다. 이후 야채를 아예 빼고 빵과 고기로만 만들어 괴물처럼 두꺼운 'Monster Thick Burger'도 출시해 큰 인기를 끌었다.

하디스는 어떻게 발상을 전환할 수 있었을까? 햄버거의 전형적 속성

인 햄버거 맛을 남들보다 2배로 키워 과장했다. 햄버거는 웰빙 음식이 아니다. 하디스는 햄버거의 약점일 수도 있는 점을 인정하고 오히려 강조했다. 건강을 챙기기보다 맛있는 햄버거를 먹고 싶은 진정한 햄버거 애호가들에게 엄청난 만족감을 이끌어냈다. 광고 또한 햄버거를 맛있게 먹는 모습에 초점을 맞춰, 광고를 보면 당장 하디스 햄버거를 사먹고 싶을 정도였다.

이렇듯 수평이동 발상전환으로 신상품 아이디어를 무궁무진하게 끌어낼 수 있다.

✴ 다양한 고객 서비스로 단골고객을 유지하라

독일 함부르크의 원두커피 전문점 '취보(Tchibo)'는 한 평짜리 가게에서 시작했다. 취보는 30여 가지 원두커피를 판매한다. 고객이 원하는 커피는 대부분 갖춘 셈이다. 커피가격이 싸다고 할 수는 없지만 맛은 어디와도 비교할 수 없다.

고객들은 원두를 싸게 구입할 수도 있다. 이 원두를 획일적인 봉투에 넣어 판매하지 않고 소비자가 원하는 만큼 그램 단위로 구입할 수 있게 배려했다. 유명 브랜드는 아니지만 양질의 상품을 싼값에 제공하는 것이다. 신발부터 향수, 화장품, 의류에 이르기까지 다양한 상품을 접할 수 있다. 매주 테마를 설정해 그 테마에 맞는 상품을 선보인다.

취보는 새로운 고객 서비스 경영을 또 선보였다. 고객카드를 만들어 단골고객을 확보하기 시작한 것이다. 연간 10유로(1만 7,000원)를 내면

네 가지 혜택을 누릴 수 있다. 이 쿠폰은 취보에서 물건을 구입할 때 현금처럼 사용할 수 있다.

또 취보가 판매하는 할인제품을 담은 카탈로그 한 달분(4권)을 한 달 전에 보내준다. 다들 가격을 깎아주려 할 때 취보는 20퍼센트 할증정책을 펼쳐 신선함을 준다. 이처럼 커피전문점으로 출발한 취보는 다양한 고객 서비스 경영을 꾸준히 선보이며 단골고객을 확보했다.

✖ 톡톡 튀는 다양한 서비스로 승부한다

'조르단(Jordan)'은 노르웨이 수도 오슬로에 있는 유럽 최대의 칫솔회사다. 칫솔회사로는 처음으로 과학적으로 고객 심리 파악에 들어갔다. 특히 충성도 낮은 고객을 잡기 위한 아이디어 짜내기에 돌입했다.

그래서 나온 것이 상품의 콘셉트 잡기다. 상품 특성과 이를 사용하는 고객들의 구매행동, 평소 생각 등 사전·사후 리서치를 반복하여 얻은 결과를 업무 개발에 피드백해서 드디어 세계적인 칫솔걸이 판매대라는 전대미문의 틀이 탄생했다.

그런 다음 단계별로 이어진 품질 고급화, 제품 다양화, 고객 서비스 경영기법 개발 등으로 세계적 기업으로 변신하였다.

프랑스에는 암흑식당이라는 식당이 있다. 한 끼 식사에 3만 8,000원 정도로 비싼 편인데도 파리의 명소로 소문 나 여행객과 현지인에게 꾸준하게 사랑받고 있다. 암흑식당이 사랑받는 이유는 무엇일까? 간단하다. 먹는 방법이 색다르고 음식이 매우 맛있기 때문이다.

우리는 음식을 섭취할 때 주로 눈으로 맛을 느낀다. 그런데 눈을 감고 음식을 먹으면 맛이 어떨까? 많이 다를 것이다. 내 앞에 어떤 음식이 있는지 모르기 때문이다. 조금의 빛도 허용하지 않는다. 암흑 속에 겨우 앉은 고객은 자기 식탁으로 음식이 오면 혀로만 맛을 느낄 수 있다.

사람들은 한 줄로 서서 앞 사람의 어깨에 손을 얹고 식당 안으로 들어간다. 서빙하는 종업원은 모두 시각장애인이다. 암흑에서 서빙하므로 암흑식당의 의미를 제대로 살릴 뿐 아니라 장애인 고용창출 효과까지 보았다. 또 컴컴한 곳에서 식사하기 때문에 음식을 대충대충 만들 수도 있을 텐데 주방에서 일하는 조리사들은 정성을 다한다.

보기 좋은 음식이 더 맛있다고 한다. 암흑식당에서는 보기 좋은 음식이어야 할 필요가 없는데도 음식을 대하는 조리사의 마음가짐이 존경스럽다. 이런 마음가짐은 식당을 운영하는 사업주와 종업원이 본받아야 한다.

이 식당은 새로운 맛을 체험하려는 예약손님이 많아 10일 전에 예약해야 하며 하루 두 차례(오후 8시, 10시)만 음식을 판매한다. 우리나라에도 이런 곳이 생겼는데 특별한 서비스를 받기 위해 한 번쯤 가볼 만하다고 생각한다.

MK택시는 승객에게 최상의 서비스를 제공하면서도 다른 회사 택시보다 요금이 10퍼센트 저렴한 독특한 경영으로 놀라운 역사를 만들고 있다.

MK택시는 내부마케팅의 중요성을 인식한 최고경영자의 철학 아래 종업원의 만족을 기반으로 해서 기업 체계가 형성되어 있다. 내부고객을 조사한 뒤 종업원들의 안정을 위해 사원주택을 보급하고, 국제화에 따라 외국어 교육 기회를 제공하여 유능한 인재를 만든 것은 물론 유명 디자이너가 디자인한 제복으로 사원들에게 자긍심과 애사심을 심어주었다.

그리고 관리사원제도와 경영위원회를 두어 기업의 모든 일을 사원과 경영자가 같이 토론하고 결정해서 경영의 투명성을 확보해 노사 대립을 최소화했으며, 이들에게 자기들이 하는 일에 대한 책임감과 자긍심을 한층 더 높이는 경영 기법을 보여주었다.

이 같은 내재적 보상과 성과급 제도인 외재적 보상을 적절히 결합해 사원의 효용을 극대화함으로써 결국 고객 지향적 사고를 확립했다. 여기서 핵심은 '섬김을 받으려면 먼저 남을 섬기라' 였다.

경영자는 운전기사(종업원)를 가족처럼 섬겼으며, 운전기사들 사이의 화목을 강조했다. 그 결과 운전기사들은 손님에게 최고의 서비스를 하게 됐고, 최고의 수익을 올렸다.

 # 기업은 고객을 위한
가치 창조를 해야 한다

기업은 왜 존재할까? 기업이 존재하는 목적은 무엇일까? 어떤 이는 주주 가치 극대화, 다른 사람은 기업 이윤 극대화, 또 다른 사람은 고객 가치 극대화라고 말한다. 얼핏 보기에 완전히 달라 보이는 이러한 대답은 사실 동전의 양면 같다.

고객에게 제공하는 가치의 극대화는 기업 이윤 극대화를 통하지 않고는 이룰 수 없으며, 기업 이윤 극대화는 주주 가치 극대화를 하지 않고는 달성할 수 없다. 하지만 둘 중에서 기업이 궁극적으로 추구해야 하는 목적은 고객을 위한 가치 창조라고 생각한다.

고객은 상품을 살 때 무엇에 돈을 쓰는지 깊이 생각하거나 의식하는 일이 드물다. 그러나 고객이 그것을 사자고 결정하는 것은 금액에 걸맞은 가치를 얻을 것으로 확신하기 때문이다. 금액에 걸맞은 가치는 도대체 무엇일까? 고객이 자동차를 살 때 '자동차의 무엇에 돈을 지불했는가' 를 질문했다고 하자. 고객은 뭐라고 대답할까? '타이어와 철로 된 몸체, 내부의 오디오시스템에 돈을 지불했다' 라고 할까?

아마 이렇게 대답할 사람은 없을 것이다. 고객은 타이어나 오디오라는 각각의 기능과 가치를 구입한 것이 아니다. 대부분 '탁월한 안전성에 반했다', '인체공학적으로 설계되었고 현대적 감각의 디자인이 맘에 들어서 돈을 지불했다' 고 할 것이다.

'고객은 왜 그 자동차를 샀는가' 하고 사용목적을 물어보면 여러 가지 대답이 나올 것이다. 예를 들어 미혼남성은 '애인과 데이트할 때 필요해서' 라고 할지 모른다. 또 '출퇴근 때 만원버스에서 해방되고 싶어서' 라든가, '휴일에 가족과 놀러갈 때 자동차가 편리하기 때문에' 등으로 대답할 것이다. 결과적으로 자동차 부품 덩어리에 가치를 둔 것이 아니라 그것이 가져다주는 가치에 돈을 쓴 것이다.

작은 이어폰을 산다고 가정하면 그것을 구성하는 스펀지나 플라스틱, 경합금 등이 아니라 이어폰이 제공하는 편리함이나 기능성을 산 것이라고 할 수 있다. 즉 고객이 돈을 지불하는 것은 이어폰을 소유함으로써 즐길 가치를 얻기 위해서라고 할 수 있다. 그리고 실제 구매를 결정하는 요인은 물건이 제공하는 편익이 가격과 걸맞은가 하는 것이다.

다만 고객이 어떤 물건을 살 때 물건의 소유이전 조건으로 돈을 지불하는 것이므로 그 물건에 돈을 지불한다고 생각하는 것뿐이다. 이처럼 고객이 자동차를 구입할 경우 판단의 기준이 되는 '자동차가 제공하는 편익' 은 대체 어디서 올까?

차체의 물리적 부품들이 편익을 가져다줄까? 그렇지 않다. 자동차는 본체의 각 기능이 있다. 또 본체 기능 외에도 디자인, 안전성, 자동차의 이미지 또는 그 회사의 이미지나 애프터서비스의 충실도, 중고차 가격 등 여러 요소가 있다.

고객이 돈을 지불하는 이유는 자동차를 구입함으로써 이로움을 얻기 때문이다. 이러한 편익은 자동차 본체의 기능만이 아니라 각종 기능을 전체적으로 파악해 '이것이면 됐다'라고 인정한 가치라고 할 수 있다. 이는 한 제품에 국한되지 않는다.

패밀리 레스토랑에서는 어떻게 결정하는지 생각해보자. 세상에는 각양각색의 레스토랑과 음식점이 있다. 프랑스식 레스토랑, 이탈리아식 레스토랑, 영국식 레스토랑 등 특징을 나열하자면 한이 없을 정도다. 각 업소의 메뉴도 각양각색이다. 맛의 차이, 양의 차이를 들면 십인십색이라 할 만큼 똑같은 업소가 없다. 또 먼지 하나 없이 깨끗한 업소도 있고 그다지 깨끗하지 않은 업소도 있다.

이렇게 각자 차이가 나는 까닭은 요리의 분야, 맛, 양, 메뉴의 구색, 음식 모양, 식탁보, 인테리어, 조명, 점원의 응대 매너, 요금 그리고 레스토랑의 기능 등 얼마든지 있다. 레스토랑은 상정된 고객에 맞게 갖가지 기능을 조합하는 것이고, 고객은 갖가지 기능이 조합된 레스토랑을 보고 그 업소가 제공하는 편익이 자기의 요구와 일치하는지를 판단한다. 그 레스토랑이 제공하는 편익에 돈을 지불하는 것이다.

그렇기 때문에 기업은 고객을 위한 가치 창조를 존재 의의이자 목적으로 명확히 설정해서 기업 활동의 중심축으로 삼아야 한다. 이렇게 해야 고객에게 더욱 높은 가치를 제공하기 위해 노력하는 것이다.

고객가치 증대를 위한 노력이야말로 장기적인 경쟁우위 확보의 원천이다. 이렇게 확보한 경쟁우위는 언제 무너질지 모르는 모래성과는 달라서 고객을 더욱 많이 확보해 매출을 증대시키고, 더 높은 이윤을 얻게 해준다.

# 서비스 리더십이
선순환의 고객만족 경영이다

에버랜드는 고객과의 접점에 있는 내부고객의 만족을 우선시하는 서비스 정책을 수립하여 성공했다. 에버랜드의 서비스 리더십은 리더를 포함해서 내부고객(직원)에게 고객으로 대접받고 서비스를 받을 때 만족을 느끼며, 그 만족을 토대로 외부고객에게 만족과 감동을 느낄 수 있는 서비스를 제공한다는 생각을 구조화한 이론이다.

이 이론은 리더가 서비스 리더십을 발휘하면 내부고객인 직원은 더욱 행복해지고 능력이 개발되며, 미래 비전을 갖게 되고 더욱 풍부한 서비스 노하우를 터득하게 되며, 좋은 서비스를 제공하려는 열정이 분출되어 외부고객의 만족으로 이어지는 선순환의 고객만족 서비스로 이어진다는 것이다.

서비스 리더십은 조직 구성원들이 가치 창출을 위해 고객에게 서비스하는 과정에서 발휘하는 리더십을 말한다. 기업의 가치를 창출하는 근원은 조직 구성원인 직원(종업원)이다. 특히 서비스업은 종업원과 고객이 만나는 현장에서 서비스가 이뤄지기 때문에 직원의 역할이 중요하다.

직원가치는 고객가치 창출의 원천이므로 경영자는 이를 증진시켜 기업목표를 달성하도록 최대한 역량을 이끌어내야 한다. 이 과정에서 리더십을 통한 고객가치 창출은 기업의 생산성과 수익성으로 전환되는데 이를 기업가치라고 한다. 이와 같이 가치창출은 일련의 연결 사슬을 통해 이루어진다.

서비스 리더십은 직원의 만족을 만들어내는 리더가 만족 유도 행위를 많이 하도록 하고 만족 훼손 행위를 줄이는 것을 목표로 한다. 이를 위해 서비스 리더는 다양하게 접근하고 노력해야 한다.

에버랜드의 서비스에 관해 기술한 《에버랜드 서비스 리더십》(삼성에버랜드 서비스아카데미, 21세기북스)이란 책에서 저자는 서비스 리더십 중에서 가장 핵심적인 것을 C·M·S라고 정리한다.

서비스 신념(Service Concept)은 서비스 리더십의 기초를 세워주는 철학과 전체가 공유해나가고자 하는 비전 그리고 이를 위해 현재를 어떻게 고쳐 나갈 것인가 하는 혁신으로 설명할 수 있다.

서비스 태도(Service Mind)는 파트너십을 형성하고 만족을 주고 싶은 마음 상태나 자세를 말한다. 이러한 마음이 갖추어질 때 리더의 행동은 자연스럽게 고객의 만족을 유도하는 쪽으로 이루어지게 된다.

서비스 능력(Service Skill)은 고객의 욕구를 파악하고, 이를 충족시키기 위해 필요한 서비스 창조 능력, 관리 운영 능력, 인간관계 형성 및 개선 능력을 말한다.

이 세 가지 요소가 상호조화를 이룰 때 고객만족이 이루어질 수 있게 된다. 이것을 공식으로는 'C×M×S=고객만족'으로 표현할 수 있다. 서비스 리더가 곱하기의 관계를 갖는 C, M, S를 고루 갖출 때만 진정으로 바람직한 리더의 행동을 하게 되고, 그 리더의 행동은 직원만족으로, 고객만족으로 연결된다.

종업원 가치는 고객가치를, 고객가치는 기업가치를 창출한다. 또 기업가치는 고객이나 종업원들에게 보상기회를 제공한다. 고객들은 우량 기업의 제품이나 서비스를 구매함으로써 품질, 브랜드, 명성 등에 관한 더 많은 만족감을 느끼게 된다. 그리고 종업원들은 물질적인 보상뿐만 아니라 정신적인 보상까지도 얻게 돼 자신의 역량을 충분히 발휘하게 된다. 서비스 리더십이 중요한 역할을 하는 이유가 여기에 있다.

에버랜드의 고객만족 경영시스템의 특징은 고객감동의 서비스를 실천하기 위해 전 직장인이 하나의 팀워크를 이루어 운영된다는 점이다. 경영진에서 지원부서, 현장관리자 그리고 고객의 접점에 있는 캐스트에 이르기까지 고객만족을 위한 서비스를 실천하는 데 목표를 두고 운영되는 것이다. 이 같은 내부고객 만족을 바탕으로 에버랜드는 서비스의 기본이 되는 친절·청결·안전에서 최고의 고객만족을 이끌어내기 위해 다양한 제도를 운영하고 있다.

서비스 리더십을 실천하려면 세 가지를 바탕으로 해야 한다.

첫째, 본인이 하인과 같은 서비스 마음을 가져야 한다. 진정한 서비스 리더십은 자신의 이익을 구하지 않으며 헌신적인 서비스를 제공하는 것이다. 서번트 리더는 구성원과 조직의 변화와 성장을 위해 자신의 재능을 아끼지 않는다.

둘째, 종업원들에게 재량권과 능력을 지원해야 한다. 이런 경영진은 고객이 두 번째고 종업원이 최우선이라고 믿는다. 그들은 접점에서 일하는 종업원들의 직무와 책임을 계속 확대한다.

셋째, 리더가 변화의 주체가 되는 방법으로 내부고객 만족을 우선적으로 실천한다. 이를 통해 자연스럽게 외부고객 만족으로 이어질 수 있다는 선순환 고리가 필요하다. 즉 리더십이란 강요한다고 되는 것이 아니라 물이 위에서 아래로 흐르듯이 자연스러운 것이어야 한다.

고객 서비스에도
세분화 전략 필요

시장 세분화 기준에는 지리적 · 인구 통계적 · 심리 묘사적 · 행위적 기준 등이 포함된다. 좀 더 자세하게 말하면 연령과 성의 기준에 따른 세분화의 특징이 두드러진다. 다음은 고객 서비스 경영의 표적시장을 세분화한 기준과 특징이다.

✳ 연령별 세분화

1318세대

1318세대는 중 · 고등학생인 13~18세 청소년을 말한다. 특히 고객 서비스 경영이 가장 주목하는 시장이다. 이 연령대의 청소년은 소비량이 기하급수적으로 증가할 잠재력을 지닌 집단이기 때문이다. 이들은 자기 개성을 중시하고 '나만의 방식', '나만의 개성'에 집중한다. 비싼

레스토랑이나 고급 음식점보다 패스트푸드점을 자주 이용하고, 공원이나 카페보다 놀이공원에서 놀기를 좋아한다. 유행을 즐기고, 공부 외에도 스포츠, 댄스 등 다른 개성과 취미를 원한다.

1823세대

주로 대학생을 포함하는 1823세대는 청소년에서 어른이 되는 시기다. 완전한 사회인도 아니면서 중·고등학교 시절과 다른 환경에서 생활한다. 이들의 소비, 문화 생활도 그와 연관된다. 더 자유로운 생활을 원하고, 새로운 것을 갖기를 원한다. 미래에 대한 희망과 함께 구체적 진로를 고민하는 시기다.

자기만의 독창적 세계를 만들고 싶어 하고, 사회와 문화를 주도하기 위해 준비하는 시기다. 저마다 이동통신 기기가 있고, 주위 사람과 문자와 음성 메시지를 주고받으며 심야 통화도 한다. N세대로 불릴 만큼 인터넷에 익숙하다. 아직 패스트푸드를 좋아하고 게임, 만화를 즐기지만 한편으로 레스토랑을 이용하기도 하고 콘서트, 영화, 연극도 즐긴다.

2325세대

2325세대는 대부분 대학을 갓 졸업한 사회 초년생을 말한다. 자기 힘으로 무언가 해낼 수 있다는 자신감으로 가득 찬 세대다. 좀 더 나은 미래를 위해 자기 삶을 구체적으로 계획한다. 이들은 신용카드도 하나쯤 있고, 커피숍에서 친구와 차 한 잔을 마신 뒤 노래방이나 PC방, 영화관으로 향한다.

컴퓨터에 익숙하므로 컴퓨터를 통해 사람을 만나거나 대화하고, 게임을 즐기며, 만화를 보거나 영화를 본다. 인터넷으로 쇼핑하고, 직접 꾸민 아바타도 하나씩 가지고 있다.

2535세대

일과 자기 생활에서 가장 활발한 활동을 보이는 세대다. 이들은 사회 활동의 주요 세대이자 통화량이 가장 많은 집단이다. 대부분 직장이 있고 가정이나 연인이 있으므로 어느 세대보다 요금이 낮은 서비스를 원한다.

✖ 성별 세분화

여성

여성을 타깃으로 하는 산업이 활성화되고 있다. 여성을 표적시장으로 하는 산업이 속속 등장하고 발전하는 것은 여성의 사회적 활동이 증가하고 사회적 지위가 향상되면서 나타나는 당연한 추세다. 이제 소비시장의 주역은 여성이다.

세계적 마케팅 컨설턴트인 페이스 팝콘은 이 같은 경향을 '이브올루션(Eveolution)'이라고 했다. 여성을 상징하는 이브와 진화를 합성한 말이다. 굳이 이 말을 빌리지 않더라도 여심을 잡으려는 기업들의 홍보·판촉활동은 활발하다. 처음부터 남성을 배제하고 '여성 전용'을 강조하기도 한다. 신용카드 업계는 여성을 위한 차별화된 서비스가 이미 일반화되어 치열하게 경쟁하고 있다.

여성은 자동차나 스포츠 대신 패션이나 인테리어, 쇼핑, 미용 등에 더 관심이 있다. 콘서트, 영화, 뮤지컬, 오페라, 전시회, 음악회, 연주회, 문화강좌 같은 문화생활을 영위한다. 가정이 있는 여성은 잔치나 파티, 외출할 때 도와줄 베이비시터, 전문적인 청소와 방역, 아이들을 위한 장난감 대여를 비롯한 가정 문제를 해결하기 위한 서비스를 원하기도 한다.

✖ 이용자 특성별 세분화

개인이 아닌 법인 이용자(기업 고객)

법인, 즉 기업 고객은 개인 고객에 비해 관계의 지속성이 강하고 수익 규모도 크다. 따라서 서비스를 하기 위한 중요한 고객으로 인식되고 있다. 과거에는 기업이 내부에서의 이동성만 있었지만 앞으로는 외부로의 활동성이 증대되고 기업체 외에서 업무를 처리하는 일이 빈번해질 것이다. 따라서 중요성이 더욱 부각되고 있다.

N세대를 포함한 네트워킹 이용자

네트워킹 세대는 컴퓨터와 인터넷에 익숙한 세대를 말한다. 컴퓨터로 못하는 게 없다. 게임, 음악, 영화, 쇼핑, 전화, 방송 시청, 사진, 정보 검색, 뉴스 보기, 전자우편 등을 네트워킹으로 즐길 수 있다. 이들은 좀 더 나은 네트워크 서비스를 요구한다. 걸어가며 인터넷을 즐기고 싶어 하고, 더 빠른 데이터 전송과 다양한 멀티미디어를 원한다.

소셜 네트워크를 즐기는 이용자

다양한 형태의 SNS(Social Network Service) 시스템의 등장으로, 즉 싸이월드나 페이스북을 통해 전 세계의 수많은 네티즌들은 온라인상에서 일상생활을 공유하고, 블로그를 통해 시간, 국경, 언어를 초월해 자유롭게 다양한 문화를 즐기며, 트위터로 자신을 표현하거나 생각을 전달하고, 실시간으로 이슈를 확인한다. 특히 4G와 같은 통신기술의 발전과 스마트폰, 넷북 등의 개인용 휴대기기의 등장으로 어디서든 소셜 미디어를 통해 새로운 사회적 만남을 즐기는 네티즌들의 니즈(Needs)에 주목할 필요가 있다.

이처럼 시장이 세분화되면 세분시장의 전반적 매력과 기업의 목표와 재원을 살펴보는 세분시장의 평가가 이루어진다. 고객 서비스 경영은 각 세분시장에 맞는 제품과 서비스를 위치시키고 있다.

따라서 차별화로 다른 특성을 보이게 노력해야 한다. 다시 말해 타사와 다른 특화된 제품, 서비스, 이미지의 차별화 전략을 수행해야 한다. 고객 서비스 경영의 상품 브랜드별 카피 문구를 통해 각각의 포지셔닝 의도를 살펴볼 수 있다.

✖ 고객유형별 세분화

고객은 모두가 얼굴이 다르듯이 행동이나 기대요인도 각인각색이다. 따라서 고객유형별 응대서비스도 다음과 같이 세분화 전략이 필요하다.

고객유형	포인트	응대 요령
무례형	존중	-더욱 친절하게 고분고분 원하는 대로 서비스하는 것이 좋다. -더욱 정중하게 서비스하고 틈(실수)을 보이지 않도록 한다. -항상 "알겠습니다"로 대답하고 VIP로 대접한다.
성급형	시원시원하게	-"글쎄요" "아마" "저~" 하는 식의 애매한 말을 하지 않는다. -신속하게 업무를 처리하고 고객이 원하는 즉시 해결해준다. -길게 설명하지 않는다(간단명료하게 설명한다).
깐깐형	반론보다 수용	-정중하게 응대하되 고객이 잘못을 지적할 때는 반론을 펴서는 안 된다. -최고의 서비스를 제공해준다는 느낌을 주도록 한다.
유머형	듣고 요약	-최대한 친절을 베풀면서 고객이 한 말을 간단히 요약해 결론을 내린다. -친근감을 주며 재치로 분위기를 맞추는 서비스를 제공한다.
점잔형	정중하고 정확하게	-조용하고 과묵한 고객들의 속마음을 헤아리기 어렵고, 조금 불만스러운 것이 있어도 내색을 하지도 않으므로 각별히 유의한다. -온화하게 대해주고 정중한 자세를 보인다.
노인고객	차근차근	-한번에 이해하지 못할 수 있으므로 천천히 설명한다. -답답해 하지 않는다.
어린이 동반고객	칭찬이 최고	어린아이의 특징을 재빨리 파악, 적절한 칭찬을 해주면 어린이 동반고객이 좋아한다. 어린이도 고객이라고 생각한다.

Part 3

성공 비즈니스맨의
고객매너와 직장예절

인사는 내면을 나타내므로 그 사람의 교양이 가장 잘 드러난다. 이런 인사는 하루아침
에 몸에 배는 것이 아니지만 그렇다고 타고나는 것도 아니다. 인사는 기품 있고 아름답
게 다듬을 때 나 자신은 물론 상대방도 나를 사랑할 수 있게 해준다.

매너는 사람들에게 약속한 생활방식

　인류문화가 발달할수록 대인관계를 제대로 유지하려면 서로 올바른 매너를 알고 실행해야 한다. 사람은 남과 더불어 산다. 매너는 배려다. 배려가 도와주거나 보살피려고 마음을 쓰는 것이라면 매너는 배려가 눈에 보이게 하는 것이다. 매너에 정해진 규칙은 없다. 상대가 누구냐에 따라 변하기 때문이다.

　단, 매너는 마음만 있어서는 안 되고 그 마음을 상대방에게 전달하는 말과 행동이 따라야 한다. 서로 자기 마음을 상대방에게 인식시키는 것이 의사소통인데 의사소통의 수단인 말과 행동은 미리 약속한 방식으로 하지 않으면 안 된다. 약속한 말이 언어의 격식이고 약속한 몸놀림이 행동의 격식이다.

　그러므로 매너의 실제는 의사 형태로 마음속에 있고, 매너의 격식은 그 의사를 남에게 인식시키는 고객과의 대화 수단이다. 모든 사람이 매너를 잘 갖추어 서로 예의바르게 행동하면 고객관계는 더욱 화기애애해져 즐거운 생활이 될 것이다.

'현대는 법치사회이기 때문에 법만 잘 지키면 되지 매너가 왜 필요하느냐' 고 하기도 한다. 그러나 우리는 착하고 좋은 사람을 법을 잘 지키는 사람이라 하지 않고 '법이 없어도 살 사람' 이라고 한다. 이는 법보다 더 중요한 것이 있다는 말이다. 법을 어기면 벌을 받는다. 그래서 법은 강제성을 띤 타율기능이 있는데 사람은 타율을 싫어하고 자율을 좋아한다. 그러면서도 자율하지 못해 타율을 받는다.

자율하지 못하는 것은 부끄러워하는 염치심이 없어서이고, 염치심이 없는 것은 스스로 꾸짖는 자책심이 없어서다. 자책하지 못하는 까닭은 자기 일에 잘잘못을 가리는 시비판단을 하지 못해서이고, 시비를 가리지 못하는 것은 매너를 모르기 때문이다.

매너는 우리가 약속한 잘잘못의 판단기준이라고 할 수 있다. 그러므로 법은 매너를 실천하지 못하는 사람을 강제로 바르게 하려는 최후 수단이며 최소한의 도덕률이다. 따라서 매너를 실천하는 사람에게는 법이 필요 없다. 법이 없어도 살 사람은 매너를 실천하는 사람이다. 부끄러움을 아는 사람은 법이 없어도 살지만 부끄러움을 모르는 사람은 가혹한 법으로도 다스려지지 않는다.

법보다 더 중요한 것이 매너. 사람다운 사람이 되려면 매너를 알아야 한다는 논리가 성립된다. 사람의 행동에는 매너가 따르는데 이는 사람이 혼자 사는 것이 아니기 때문이다. 사람이 둘 이상 사는 곳에서는 예의를 지켜야 즐겁고 편하다. 매너는 사람이 사람답게 살아가기 위한

행동지침이기도 하다.

대인관계를 원만히 하려면 서로 약속한 방식으로 해야 한다. 대인관계는 사람과 사람의 관계다. 따라서 자기가 먼저 사람이 되어야 한다. 스스로 사람다워지려는 노력을 자기관리라고 한다.

매너는 인간으로서 자기관리와 사회인으로서 대인관계를 원만히 영위하기 위해 필요하다. 사람이 되고 사람 노릇을 해서 사람대접을 받으며 사람과 더불어 살려면 사람끼리 약속한 생활방식인 매너를 실천해야한다. 매너를 실천하지 않는 것은 바른 사람이 되기를 기피하는 것과 마찬가지다.

매너는 남의 눈에 거슬리지 않고 교만하지 않아야 하며, 특히 상대방을 무시하는 태도나 비웃는 태도를 보이면 안 된다. 정성과 성실이 가득한 정중한 태도가 필요하다. 마음속으로는 존경하면서도 행동이 거칠고 무례하며 상대방 기분을 상하게 하는 것은 매너라 할 수 없다.

이와 마찬가지로 마음속으로는 싫어하고 무시하면서도 앞에서는 굽실거리는 것은 아부요 기만이기 때문에 이 또한 매너라고 할 수 없다. 그러므로 진실한 마음과 정중한 태도만 가지고는 참된 매너라 할 수 없다.

전문가들은 한국인이 매너에 편견이 있다고 말한다. 매너를 '까다롭고 어려운 반면 효과는 크지 않은 아부의 기술' 쯤으로 여긴다는 것이다. 하지만 좋은 매너는 상대를 존중한다는 표현이자 내 품격을 드러내는 행위에 가깝다. 중요한 것은 상대를 배려하는 마음과 이해하려는 자세다.

상대의 마음을 열려면
첫인상이 좋아야

당신 이미지는 어떤가? 긍정적 이미지로 남고 싶은가? 부정적 이미지로 남고 싶은가? 미국의 사회심리학자 고든 올포트(Gorden Allport)는 첫 이미지로 그 사람의 성별, 나이, 체격, 직업, 성격, 신뢰감, 성실성 등을 어느 정도 평가할 수 있다고 했다. 상대를 처음 보고 모든 것을 판단할 수는 없지만 '다음에 다시 만나고 싶다', '이 사람과 대화하면 뭔가 통할 것 같다'를 판단할 수 있다.

고객관계 발전의 첫 단계는 첫인상 형성 단계로, 최초의 만남에서 각자 지닌 상대에 대한 호감도에 따라 첫인상의 이미지가 형성되는데, 상호 호감의 정도가 높으면 고객관계는 다음 단계로 발전할 수 있지만 호감의 정도가 낮으면 고객관계는 단절되고 만다.

상대방에 대해 호감 가는 첫인상이 형성되면 그다음에는 장기적 고객관계를 유지하기 위한 상호 기대감 형성단계로 발전한다. 상호 기대감이 형성되면 다음 단계로 발전되는 반면, 기대감이 형성되지 못하면 상호 고객관계는 단절되는 것이다.

고객관계를 성공적으로 유지하려면 상대방이 무엇을 기대하는지 정확히 알아야 하며 기대를 충족시키기 위한 행위에 신뢰성이 있어야 한다. 이러한 요건이 결여되면 상대방에 대한 불만이 고조되어 갈등이 발생하고, 갈등을 해소하지 못하면 종국에는 고객관계가 단절된다.

신뢰감 형성은 진실한 고객관계 유지에 매우 중요한 요소로, 상대방이 형성된 심리적 계약을 준수할 것이라는 믿음을 뜻한다. 즉 다른 사람과 고객관계를 효율적으로 유지하지 못하는 관리자는 훌륭한 관리자가 되지 못한다. 관리자와 부하의 원만한 상호관계는 직무수행에 필요한 동기유발을 돕고, 지식 제공을 돕고, 문제 해결에 도움을 줄 것이다.

또 다른 부서 관리자와 관계가 원만하면 자기 부서의 효율성 제고와 부서 사이의 갈등 해소에 도움을 주며, 조직 전체의 원만한 운영에도 도움을 준다. 본심과 다르게 인상이 나쁜 사람은 손해 보는 경우가 많다. 사람의 눈은 같은 조건이라면 인상이 좋은 쪽에 눈길과 마음을 주기 때문이다.

호감 있는 첫인상을 만드는 방법은 다음과 같다.

첫째, 상대를 웃게 하라. 당신과 만난 일이 기분 좋게 기억되도록 하라.

둘째, 편안한 분위기를 만들어라. 첫 만남인데도 오랜 친구처럼 느낄 수 있게 편안하고 자연스러운 마음으로 대하라.

셋째, 강렬한 인상을 심어줘라. 자기를 멋지게 소개할 노하우를 쌓아 기억을 선명하게 남겨야 한다. 그러려면 자기만의 독특한 철학이 전해지게 제대로 표현해야 한다. 돌아서면 까맣게 잊히는 분명하지 못한 이미지는 곤란하다.

넷째, 지나치게 드러내려 하지 마라. 첫 만남에서 자신을 지나치게 드러내려 하면 자아도취한 사람으로 보일지 모른다. 화려한 경력과 인맥을 지나치게 떠벌리지 마라. 신뢰감이 생길 만큼 정보를 공개하는 것이 효과적이다.

다섯째, 좋은 컨디션일 때 만나라. 몸이 불편하거나 스트레스를 받은 상태라면 약속을 뒤로 미뤄라. 컨디션이 좋지 않을 때는 자기조절이 되지 않기 때문에 의도와 다르게 나쁜 인상을 줄 수 있다.

여섯째, 기본 예의를 갖춰라. 첫 만남에서 인사를 나누는 것은 당연하다. 그런데 많은 사람들이 건성으로 인사한다. 상대를 보고 허리를 숙이거나 고개를 숙이면서 명확한 목소리로 분명하게 인사하라. 애매한 자세로 인사하면 인사를 받고서도 기분 나빠할 수 있다. 인사는 기본예절이기 때문에 소홀히 하면 불쾌감을 유발한다.

일곱째, 첫 만남에서 상대의 단점을 말하지 마라. 첫 만남에서 상대의 단점을 들춰내는 사람이 있다. 옷차림이나 헤어스타일, 회사 이름에 관한 것이 그렇다. 아주 친한 사이에 단점을 지적하면 고맙겠지만 첫 만남에서는 도움이 되지 않는다. 칭찬으로 시작하고 긍정적으로 반응하라. 단점은 나중에 말해도 늦지 않다.

여덟째, 공통점을 빨리 찾아내라. 유유상종이라는 말이 있다. 서로 아는 사람, 같은 취미, 고향 등의 공통점을 말하고 나면 친근감을 더 느끼기 마련이다. 미국처럼 다양한 인종이 사는 나라도 신혼부부의 99퍼센트 이상이 동일 인종이며, 94퍼센트가 동일 종교라고 한다.

아홉째, 상대를 좋아하려고 노력하라. 인간에게는 고감도 센서가 있어서 상대가 말로 표현하지 않아도 그가 나를 어떻게 느끼는지 알아차린다. 처음부터 상대를 단정하려 하지 마라. 자연스럽게 마음을 열고 있는 그대로 편안하게 보려고 노력하라. 그러면 감정이 전달되어 이미지도 좋아질 것이다.

열째, 상대에 맞춰 시간을 사용하라. 오래 만나기를 원하는지, 짧고 간결하게 만나기를 원하는지는 사람마다 다르다. 따라서 상대의 욕구와 행동 유형을 판단하는 분별력이 필요하다. 대부분 자기 스타일대로 타인을 대하는데, 상대에 맞추어 대하는 유연함이 필요하다. 그러려면 마음의 여유와 관찰력을 지녀야 한다.

# 웃어라 그리고 또 웃어라

미소는 앉아서 하는 조깅이라는 말이 있다. 웃음이 건강에 좋다는 것은 학자와 의사들의 공통된 견해이며, 스트레스까지 풀어준다.

일부러 웃다보면 저절로 기분이 좋아지고 기분이 좋아지면 마음이 평온해진다. 능률이 올라 실적이 향상되어 기분이 좋아질 뿐만 아니라 상대방 기분까지 즐겁게 만든다. 잘 웃는 사람은 스마일의 효력을 한껏 발휘할 수 있기 때문에 인생에서 성공할 확률이 높다.

신문이나 텔레비전에서 오바마의 밝은 표정과 당당한 미소를 자주 볼 수 있다. 매력적으로 아름답게 웃는 얼굴은 상대방에게 호감을 줄 뿐만 아니라 상대의 마음까지 행복하게 만든다. 그 행복이 몇 배로 불어 다시 돌아와 운명을 바꾸기도 한다.

성공하려면 웃어라. 항상 부드럽고 밝은 표정과 미소를 얼굴에 감돌게 하라. 밝은 표정과 미소는 그 무엇보다 인간관계에 유용하다. '웃는 얼굴이 아니면 가게 문을 열지 말라'는 중국 속담이 있다. 그만큼 손님을 대하는 데에 웃음이 중요하다.

얼마 전 집에서 사용하는 인터넷이 고장 나서 서비스 기사의 도움을 받았다. 그런데 지금까지 서비스 기사는 말없이 고장난 부분을 수리하는 데만 전념하고 일을 마친 뒤 별말 없이 자리를 뜨는 게 일반적이었다. 그런데 이날의 서비스 기사는 미소를 머금고 하나하나 고장난 부분을 설명해준 뒤 다음 사용할 때는 어떻게 하라고 알려주고 더 궁금한 게 있냐고 물어본 후 완벽하게 서비스를 마무리했다. 오랜만에 매우 만족스러운 서비스를 경험하고 무척 흐뭇했다.

서비스 맨은 인상이 좋아야 한다. 잘생겼느냐 못생겼느냐를 말하는 게 아니라 호감이 가야 한다는 이야기다. 그러려면 웃는 얼굴이어야 한다. 웃음은 서비스 맨의 생명과 같다. 언제나 잔잔한 미소가 얼굴을 떠나서는 안 된다. 웃음 띤 얼굴은 호감을 사는 만국공통의 언어요, 서비스 맨의 제1 광고수단임을 잊어서는 안 된다.

웃는다는 것은 고객을 응대하는 사람의 의무이기도 하다. 거리낌 없는 웃음은 세상에 자기 자신을 자신 있게 내보이는 것이다. 벽을 허물고 자신을 열어 타인과 긍정적으로 교류하겠다는 것이다. 웃음은 전염성이 강하다. 웃음은 널리 퍼지는 성질이 있다. 내가 웃으면 상대방도 따라 웃는다. 많이 웃으려면 준비해야 할 것이 있다.

첫째, 웃음에 대한 편견을 버려라. 웃음이 헤프다고 해서 푼수 같거나 만만해 보이는 것이 아니다. 쉽게 웃는다고 지적 능력이 떨어지는 것도 아니고, 그저 허허거린다고 어리석은 것도 아니다. 웃는다고 신중하지 않은 것도 아니고, 진지함이 결여된 것도 아니다.

아리스토텔레스는 인간을 '웃는 동물(Animal Ridens)'이라고 했다. 웃음이라는 순수하고 생리적인 행위는 인간에게만 있음을 감안하면 웃음은 탁월한 지적 능력이다. 호모 사피엔스라는 개념보다 동물과 인간을 훨씬 더 잘 구별해준다.

둘째, 언제든 웃을 준비를 하라. 현대 심리학에 공헌이 큰 윌리엄 제임스는 "우리는 행복하기 때문에 웃는 것이 아니라 웃기 때문에 행복한 것이다"라고 했다. 어떤 코미디언은 아침에 5분간 웃는 것으로 하루를 시작한다고 한다. 웃기기 전에 먼저 웃어야 함을 터득한 사람들이다.

셋째, 작은 일에서 웃음을 찾아라. 마찬가지로 사소한 일로 화내지 마라. 인생은 사소한 것으로 이루어져 있다. 일상에서 화내는 대신 웃는다면 수양이 많이 된 것이다. 농담 같은 몇 가지 법칙을 기억하고 화내는 대신 웃어보라.

사람이 사람을 좋아하는 이유는 의외로 단순하다. 사람은 상대방의 부드러운 눈매, 상냥한 말씨, 세련된 매너, 아름답게 웃는 모습에 쉽게 끌린다. 그중에서도 매력적으로 웃는 얼굴은 이성에게 강한 마력을 발휘한다. 이는 얼굴이 잘생기고 못생긴 것과 크게 관계없이 얼굴은 평범하게 생긴 것 같은데 왠지 웃는 모습이 매력적인 사람을 보면 알 수 있다.

심리학자 앨버트 메러비언은 고객관계에서 이미지 결정 요소로 시각적 효과 55퍼센트, 청각적 효과 38퍼센트, 언어적 요소 7퍼센트라고 분석했다. 처음 대면한 순간 상대방(고객)은 첫 이미지를 외모와 표정, 몸가짐을 보고 판단한다.

내가 아무리 좋은 이미지를 가지고 있다 하더라도 상대가 그렇지 않다면 내 생각과 다르게 평가할 것이다. 이미지는 내가 평가하는 것이 아니라 상대방이 평가한다.

넷째, 일하는 것을 즐겨라. 즐긴다는 것은 무언가에 열광하고 몰두하게 하는 힘, 즉 미치게 만드는 힘이다.

일하는 걸 즐기고 많이 웃는 사람은 일을 생계 수단이나 마지못해 하는 것으로 여기는 사람들이 결코 이루지 못하는 성취를 이뤄낸다. 웃음 지수는 그 사람이 얼마나 훌륭한 일꾼인지 말해준다.

직장에서의 웃음 또한 그냥 주어지지 않는다. 웃을 수 있는 분위기가 중요하다. 웃음이 업무를 방해한다고 생각하는 경영자와 관리자가 지배하는 직장 분위기는 엄숙하고 근엄하다. 모두 열심히 일하는 것 같지만 직원들은 대개 자기 인생은 '지겨운 업무 시간이 끝난' 뒤부터 시작된다고 여긴다.

인사는 평생 배우고 실천해야

인사는 '사람이 마땅히 해야 할 일을 다하고 하늘의 명을 기다린다(盡人事待天命)'에서 유래한 것으로 사람이 마땅히 해야 할 도리를 말한다. 즉 인사는 예절의 기본이며 고객관계의 시작이다. 인사는 실제로 늘 하는 것이며, 또한 평생 배우고 실천해야 한다.

인사를 함으로써 개인에게는 존중과 배려를, 윗사람에게는 존경심을, 동료끼리는 우애를, 상대방에게는 신뢰를 표현하게 된다. 또 조직은 인사를 통해 밝고 친근한 분위기가 유지된다. 인사는 사람과 사람의 마음을 열어주는 열쇠이자 인격을 나타내는 최초의 행동이며, 서비스의 기본이자 척도다.

인사는 고객과 만나는 첫걸음이고 친절의 시작이며 고객관계가 시작되는 신호다. 인사는 자기 자신을 위해 하는 것이므로 상대방이 인사할 때까지 기다릴 필요가 없다.

상대방이 받아주지 않으면 무시당하는 기분을 느낄 수도 있다. 그러나 인사는 역시 '나'를 위한 것이므로 상대방이 받든 받지 않든 내가 먼저 인사하는 습관을 길러야 한다.

사회생활에서나 직장생활에서나 인사를 잘하는 사람은 많은 사람에게 호감을 받는다. 인사는 고객관계의 첫걸음이다. 인사는 마음에서 우러나오는 존경심과 친절을 나타내는 형식이며 고객관계를 원활하게 하는 중요한 매너다.

특히 회사는 각양각색의 사람들이 함께 생활하기 때문에 구성원의 몸가짐과 예의범절은 복잡한 고객관계를 원활하게 하는 윤활유 작용을 한다.

✖ 신체부위별 자세가 서비스 결정

미모가 수려해도 자세를 흐트리면 아름다운 외모는 빛이 바랜다.

- **고개** : 반듯하게 들어 곧게 펴며 턱을 내밀지 말고 자연스럽게 약간 앞으로 당긴다.
- **시선** : 정면을 향하는데, 신념과 사랑에 찬 눈으로 상대의 눈보다 10센티미터쯤 위를 바라보면 눈매가 훨씬 예뻐 보인다.
- **어깨** : 힘을 빼고 가슴을 활짝 펴며 두 어깨를 등받이에 바짝 닿게 한다.
- **무릎** : 정면을 향하게 자연스럽고 곧게 힘을 주고 완전히 쭉 펴지게 한다.

- 발 : 무릎과 마찬가지로 발등에 힘을 주어 긴장하고 뒤꿈치가 벽에 바싹 붙게 밀착한다.
- 팔 : 자연스럽게 늘어뜨리며 오른손으로 왼손을 감싸쥐고 아랫부분에 가볍게 댄다.

부 분	자 세
표정	밝고 부드러운 미소를 띠운다.
시선	신념과 사랑에 찬 눈으로 상대의 눈을 본다.
고개	반듯하게 든다.
턱	내밀지 말고 자연스럽게 당긴다.
어깨	힘을 뺀다.
무릎, 등, 허리	자연스럽고 곧게 편다.
입	조용히 다문다.
손	팔은 자연스럽게 늘어뜨리며 오른손으로 왼손을 감싸쥐고 인사를 할 때 배에 손을 가볍게 댄다.
발	발꿈치를 서로 붙이고 양발을 20~30도쯤 벌린다.
마음	존경, 사랑, 감사하는 마음을 갖는다.
등과 목	반듯하게 뻗어 턱이 나오지 않도록 한다.

◈ 인사 종류별 동작

인사 방법은 나라마다 차이가 있지만 인사가 좋은 인상을 심어주는 것은 전 세계가 마찬가지일 것이다.

우리나라에서는 자세를 바르게 하고 등을 펴고 허리에서 직선으로 정중하게 머리를 숙인다.

인사성이 좋은 사람을 대하면 기분이 좋아진다. 그들은 다른 사람을 배려할 줄 알기 때문이다. 흔히 매너를 교양 있는 사람의 척도라고 한다.

남보다 지혜롭고 성공적인 삶을 살려면 반드시 매너를 익혀야 한다. 인사는 매너의 기본이며 원만한 대인관계는 사회생활에 필수불가결하다. 어떤 일을 하든 인사는 인간의 도리이자 질서이고 약속이다.

인사는 내면을 나타내므로 그 사람의 교양이 가장 잘 드러난다. 이런 인사는 하루아침에 몸에 배는 것이 아니지만 그렇다고 타고나는 것도 아니다. 인사는 기품 있고 아름답게 다듬을 때 나 자신은 물론 상대방도 나를 사랑할 수 있게 해준다.

사회생활을 하다보면 인사할 일이 수없이 많다. 그러나 인사를 제대로 품격 있게 하는 사람은 드물다. 요즘 젊은이는 윗사람에게도 목만 까딱거리는 인사를 한다.

이런 인사는 안면이 있는 동료에게나 적당하다. 나이와 상관없이 상대방을 정중하게 대하면 정중한 대접을 받기 마련이다.

올바른 인사뿐만 아니라 사람과 더불어 사는 곳에는 어디든지 올바른 예절이 필요하다. 아무리 세상이 바뀌어도 기본 예법을 지키는 사람은 어느 때, 어느 장소, 어느 상황에서도 아름답게 빛난다.

하루에도 몇 번씩 주고받는 인사를 좀 더 아름다운 자세로 할 수 있게 배워보자.

정중례		• 인사 각도 45도
		• 시선 전방 1미터쯤
		• 상황
		  ☞ 고객을 처음 맞이하거나 보낼 때
		  ☞ 감사의 뜻을 표할 때
		  ☞ 잘못된 일을 사과할 때
		  ☞ 출근해 상사를 처음 만났을 때

보통례		• 30도 이내에서 기본적인 요령대로 한다.
		• 한 호흡 쉬고 천천히 일어난다.
		• 감사할 때, 대기 요청할 때, 대답할 때 한다.
		• 인사 각도 30도
		• 시선 전방 2미터쯤
		• 상황
		  ☞ 고객이나 상사를 또 만났을 때
		  ☞ 외국인 고객을 처음 맞이하거나 전송할 때
		  ☞ 결재받으러 상사의 집무실을 출입할 때

목 례		• 윗몸을 굽히지 말고 가볍게 머리만 숙인다.
		• 눈으로 예를 표하며 부드러운 표정을 짓는다.
		• 자주 대할 때나 복도, 실내에서 한다.
		• 인사 각도 15도
		• 시선 전방 3미터쯤
		• 상황
		  ☞ 외국인 고객을 또 만났을 때
		  ☞ 동료나 친한 사람을 만났을 때
		  ☞ 복도, 엘리베이터, 화장실 같은 좁은 장소에서 상사를
		     만났을 때
		  ☞ 상사가 주재하는 회의, 면담, 대화의 시작과 종료 시

✖ 명함 교환을 이용한 인사

　고객관계는 만남에서 시작된다. 만남에서 자기를 소개하는 대표적인 것이 명함이다. 명함 교환은 자기의 모든 것을 나타내는 것으로 볼 수 있으므로 교환할 때 기본적인 매너를 지키는 것이 매우 중요하다.

　명함은

　나라는 개인의 반영일 뿐만 아니라

　내가 속한 조직의 이미지를 확장하는 수단이기도 하다.

　명함을 한번 꺼내보라.

　내가 바라는 이미지와 메시지가 들어 있는가?

　명함은 크기도 작고 비용도 별로 들지 않지만

　가장 효과적인 광고 수단이자 장기적인 고객관계에서

　잠재력이 가장 큰 자산이다.

　그 사람의 첫인상과 함께 현재 하는 일을 한눈에 보여준다.

　남기고 온 명함 한 장으로 인생이 변하기도 한다.

　명함의 모습은 그래서 중요하다.

　디자인 잘된 명함보다 더 좋은 명함은

　처음 만났을 때의 밝은 표정과 눈빛이다.

　– 존 팀펄리, 《결정적인 순간에 내 편이 되는 파워인맥》에서

- 고객에게 나를 기억시킴 → 나를 알리는 시각적 이미지
- 나의 좋은 이미지 전파 → 나만의 문구(모토)

명함의 예

명함을 주고받을 때 지켜야 할 예의

- 한쪽 손으로는 명함을 주면서 다른 손으로 명함을 받는 동시교환은 부득이한 경우가 아니면 실례다. 상대방이 먼저 명함을 주면 그것을 받은 다음 내 명함을 건넨다.

- 상대방의 명함을 받으면 반드시 자기의 명함을 주어야 한다. 명함이 없을 때는 '죄송합니다. 마침 명함이 없는데 다른 종이에 적어드려도 되겠습니까?' 라고 사과를 겸해 의견을 묻는다. 상대방이 원하면 적어준다.

- 상대방이 명함이 없다고 할 때 특별한 경우가 아니면 다른 종이에 적어달라고 청하지 않는다.

- 상대방에게 받은 명함은 공손히 받쳐 들고 상세히 살핀 다음 정중하게 간수한다. 상대방이 보는 데서 즉시 명함꽂이에 꽂는다든가

아무데나 방치하면 실례다.

- 받은 명함에 모르는 글자가 있으면 정중하게 물어보고 헤어진 다음 에 정리한다.
- 명함은 자기 과시를 위해서가 아니라 상대방에게 자기를 소개한다 는 정신으로 간결하게 만든다.

명함 취급 요령

- 명함은 전용 지갑이나 웃옷 안주머니 또는 명함 주머니에 보관한다.
- 두 손으로 정중히 교환한다.
- 받은 명함은 소중하게 취급(메모는 혼자 있을 때)한다.
- 잘 정리해서 명함철에 보관한다.

명함을 줄 때

두 손으로 명함의 위쪽을 잡고 정중하게 건넨다. 만남에서 첫인상이 중요하듯 명함은 상대방이 자신을 기억하게 하는 중요한 역할을 한다.

- 일반적으로는 방문자가 먼저 명함을 건넨다. 초면인 사람에게는 먼 저 명함을 준다.
- 상대방이 바로 읽을 수 있게 회사명과 이름을 이야기하며 공손하게 준다.
- 명함을 준비하기 전에 상대 명함을 받을 때는 받은 후에 바로 명함 을 준다.

명함을 받을 때

고객에게 명함을 받을 때는 두 손으로 명함의 아래쪽을 잡아서 받는다. 한 손으로 받을 때는 오른손으로 명함의 오른쪽 귀퉁이를 잡고 왼손으로 오른손을 받친다.

- 명함을 받은 뒤에 반드시 소리 내어 읽어 확인한다.
- 어려운 한자는 물어본다.
- 받은 명함은 허리 아래로 내려가지 않게 주의한다.
- 상담할 때는 테이블에 놓고 보면서 이야기한다.

● 명함 정보 수집 노하우

- 회사명이나 이름순으로 양립시켜 보관하거나 관련 분야별로 정리해 파일을 관리한다.
- 시간이 없을 때는 출장 보고서나 회의록에 일련 순으로 출석자의 명함을 복사해 보관한다.
- 컴퓨터의 명함 관리 프로그램을 활용하면 더욱 체계적이고 과학적으로 고객관계를 관리할 수 있다.
- 왼쪽 공간에 명함받은 연월일을 기입한다.
- 오른쪽 공간에 용건, 인상, 비망록을 기록한다.
- 필요 없는 명함은 월말에 버린다.
  - 접촉이 전혀 없는 사람, 전직한 사람 등 1년에 한 번은 반드시 정리
  - 주소나 소속, 전화번호 변경 즉시 정정

- 모임에 갈 때는 평소보다 명함을 많이 갖고 나간다.
- 적극적으로 명함 교환 기회를 만든다.
- 명함 교환 후 만날 계기를 만든다.
- 명함 교환 후 2~3일 안이나 적어도 일주일 안에 전화한다.
- 만나는 자리에서
  - 명함을 주고받으면서 간단하게 그러나 인상적으로 소개한다.
  - 명함을 받은 후 정보를 적어둔다. 양해를 구하고 명함에 적거나, 포스트잇에 적은 다음 붙인다(날짜, Job & Role, 느낌(얼굴 · 옷차림 · 말투 · 성격 등), 상대방이 강조하는 코드).
  - 필요로 하는 것, 잘하는 것을 파악한다.
- 매일 만난 사람들을 등록한다. MS Outlook 등의 S/W로 관리한다.
- 유사한 사람, 직업, 일을 하는 사람이 있는지 검색한다.
  - 얇더라도 다른 끈을 만들어본다(학연 · 지연 · 혈연 · 취미 · 지인 등).
- 그 유사한 사람에게 메일을 보낸다. 'A씨를 아시죠? 어제 만났답니다' 등
- 지속적으로 사후관리한다.
  - 목적에 따라 고객관계를 차별화해서 관리한다.
  - 지속적으로 연락해서 상기시킨다.
  - 의도적으로 가끔 연락해서 안부를 물어본다.
  - 일이 안 풀리거나 기분이 안 좋으면 사람을 만난다.

✖ 고객 응대 기본 프로세스

고객맞이

- 밝고 명랑한 목소리로 일어서서 고객보다 먼저 인사하며 맞이한다.

  "안녕하십니까? 무엇을 도와드릴까요?"

- 명함을 건네거나 자기소개를 한 후 고객에게 자리를 권한 다음 앉

는다.

니즈파악

- 가벼운 소재로 담화(Small Talk)하면서 친근감을 준다.
- 고객의 방문 목적이나 상담 목적 등을 질문을 통해 적극적으로 파악한다.
- 고객이 한 말을 요약하여 "○○○가 맞습니까?" 하고 확인한다.
- 고객수준이나 상담 소요 시간 등을 고려하여 상담실로 자리를 옮기게 한 뒤 음료를 제공하고 편안하게 상담받을 수 있도록 한다.

니즈충족

- 상담 프로세스에 맞게 상담 목적 등을 파악하여 상담한다.
- 고객의 니즈에 맞는 적절한 정보를 제공한다.
- 고객의 니즈를 파악하면 신속 정확하게 업무를 처리한다.

만족확인

- 업무 또는 상담이 끝나면 고객의 만족도를 확인한다.
  "고객님, 처리가 다 되었습니다. 확인해보시겠습니까?"
  "고객님, 혹시 더 궁금하신 점은 없으신지요?"
- 고객에게 줄 자료나 사은품이 있을 경우 종이가방에 챙겨준다.
- 추가로 문의할 경우 성실히 응대한다.

배웅인사

• 다시 방문하고 싶은 생각이 들도록 기분 좋은 배웅 인사를 한다.

"고객님, 오늘 하루 행복하게 보내세요."

• 일어나서 배웅하거나 출구나 엘리베이터까지 배웅한다.

• 방문에 대한 감사 인사 또는 향후 방문 약속을 한다.

전화는 모든 비즈니스의 시작

우리는 하루에도 몇 차례 전화를 걸고 받는다. 전화는 상대방이 보이지 않기 때문에 자칫 실수하기 쉽다. 그러므로 평소보다 더 아름답고 상냥한 목소리로 상대방을 대해야 한다. 생기 있는 얼굴 표정으로 전화를 받거나 걸어보라. 상대방도 즐거워하고 나 자신도 왠지 즐거워진다.

지금부터라도 웃는 얼굴로 전화 받는다는 느낌을 상대방에게 주기 위해 전화 수화기를 들면 무조건 상냥해지려고 의식적으로 노력해보자. 전화를 받을 때 기분이나 감정이 아무리 상해 있더라도 '전화' 하면 '밝은 표정과 미소' 와 '친절' 을 먼저 떠올리자.

어디를 방문하려 해도 상대방 의견을 묻기 위해 전화를 건다. 이때 상대방이 보이지 않기 때문에 목소리로 그를 판단한다. 전화는 고객과 얼굴을 마주하지 않은 상태에서 언어를 활용해 서비스하는 활동이다.

이러한 커뮤니케이션에서 관심은 고객의 말에 귀 기울여야 하는 적극적 경청과 연관된다.

여기서 관심을 기울일 서비스는 짧은 말이라도 알아듣기 쉽게, 이해하기 쉽게 고객의 말을 공감적으로 숙지한 후 고객의 요구사항에 최대한 접근해 제공하는 속도감 있는 정보전달이라고 할 수 있다.

전화할 때는 목소리가 가장 중요하다. 목소리는 타고나는 것이라 바꿀 수 없다고 포기하지 말고 후천적인 훈련과 노력으로 20~30퍼센트쯤 개선할 수 있음을 기억해야 한다.

따라서 서비스 마인드가 충만한 최적의 음성 이미지를 주기 위해 바른 자세를 유지하고, 스트레스와 긴장감을 해소하려고 노력하며, 건강을 유지하기 위해 철저히 관리해야 한다.

서비스 마인드는 '서비스하는 사람의 마음'이라고 할 수 있겠지만 그 마음은 언제나 자연스럽게 샘솟는 것이 아니다. 일에 대한 지속적인 관심, 고객에 대한 끊임없는 호기심, 마음을 펼쳐 보일 고객 서비스 경영 전략으로 음성적 자질관리 노력이 결합되면 고객에게 한 발 더 다가가는 서비스가 될 수 있다.

지금부터라도 웃는 얼굴로 전화 받는다는 느낌을 상대방에게 주기 위해 전화기를 들면 무조건 상냥해지려고 노력해보자. 전화 받을 때 기분이나 감정이 아무리 상해 있더라도 밝은 표정, 미소, 친절을 떠올리자.

✖ 전화 응대 요령

전화 응대는 서로 모습을 볼 수 없는 상황에서 음성으로 모든 것이 전달되고 간접적으로 고객을 만나는 방법이다. 따라서 올바른 음성과 말씨로 자신의 이미지를 표현하는 것이 중요하다.

사람의 얼굴과 표정이 모두 다르듯이 개개인의 목소리도 제각기 다르다. 꾀꼬리처럼 맑고 아름다운 목소리를 천성적으로 타고난 사람이 있는가 하면 마치 뚝배기 깨지는 듯한 목소리, 간드러지는 듯한 목소리도 있다.

전화를 받으면 '네, ○○과 ○○○입니다' 라고 응답한다. 다른 사람에게 온 전화이면 전화한 사람이 누구인지를 먼저 묻고 당사자에게 이를 전달한 뒤 전화를 바꿔주는 것이 예의다. 상사나 선배와 업무상 이야기를 하는 도중에 전화가 걸려오면 '곧 전화하겠다' 고 말한 뒤 끊는다. 또 상사나 선배와 통화가 끝났을 때는 저쪽에서 먼저 전화를 끊기 전에 수화기를 놓아서는 안 된다.

다른 사람이 부재중일 때 대신 전화를 받았을 경우에는 포스트잇이나 메모지 등에 그 내용을 적어 책상에 붙여 놓는다. 그리고 사무실에서 친구나 애인에게 사적인 전화를 하는 우를 범해서는 안 된다.

▨ 일반적인 주의 사항

- 전화 통화를 할 때는 경쾌한 느낌이 나게 목소리 톤을 평소보다 조금 높인다. 딱딱한 표정에서는 밝은 목소리가 나오지 않는다. 통화 상대가 눈앞에 있는 것처럼 웃는 얼굴로 말한다.
- 전화기는 오직 목소리만을 전달하는 매체다. 그런데 신기하게도 통

화를 하다보면 그 사람의 자세, 심리 상태, 심지어 지적 수준까지 짐작할 수 있다.

- "모르겠는데요" "없거든요" "다시 거세요" "누구 찾으세요?" "수고하세요" "그거 있잖아요" 등 불손하고 명확하지 않은 표현은 삼간다. '에~' '저~' 등 상대방을 답답하게 하는 말버릇도 주의한다. 나이가 많고 지위가 높다 해서 자신을 '나' 라고 지칭하거나 훈계하는 듯한 이미지를 풍기는 것도 좋지 않다.

- 통화가 끝난 뒤에는 건 사람이 먼저 전화를 끊는다. 그렇더라도 2초 정도 여유를 두는 것이 에티켓이다. 용건이 끝나기 무섭게 '딸깍' 하고 끊는 소리가 나면 누구라도 불쾌해지게 마련이다. 특히 윗사람이나 고객과 통화했을 땐 상대편에서 먼저 끊을 때까지 기다린다.

- 전화가 도중에 끊겼을 때는 원인이 어디 있든 전화한 쪽에서 다시 거는 것이 원칙이다. 그러나 상대가 윗사람이나 고객이라면 이쪽에서 먼저 거는 것이 더 성의 있어 보인다.

- 다른 사람 대신 받은 전화는 끝까지 책임진다. 전할 말이 있을 땐 그저 외우려 들지 말고 꼭 메모한다. 불평하는 전화를 받은 경우 잘 듣는 것 자체가 해결의 실마리가 될 수 있으므로 중간에 말을 가로채지 말고 경청한다. 누군가의 부탁으로 대신 전화를 걸었다면 상대가 나오기 전에 수화기를 의뢰자에게 넘긴다.

전화 받는 방법

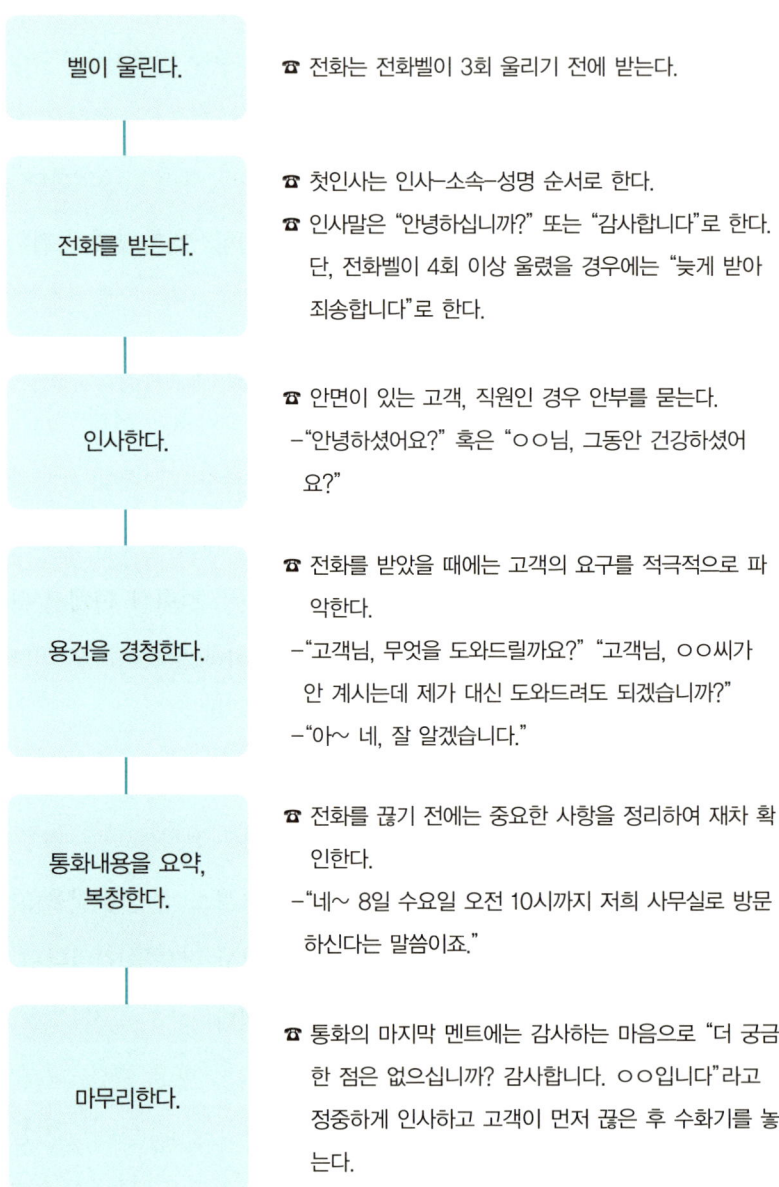

벨이 울린다.

☎ 전화는 전화벨이 3회 울리기 전에 받는다.

전화를 받는다.

☎ 첫인사는 인사-소속-성명 순서로 한다.
☎ 인사말은 "안녕하십니까?" 또는 "감사합니다"로 한다.
단, 전화벨이 4회 이상 울렸을 경우에는 "늦게 받아
죄송합니다"로 한다.

인사한다.

☎ 안면이 있는 고객, 직원인 경우 안부를 묻는다.
–"안녕하셨어요?" 혹은 "ㅇㅇ님, 그동안 건강하셨어
요?"

용건을 경청한다.

☎ 전화를 받았을 때에는 고객의 요구를 적극적으로 파
악한다.
–"고객님, 무엇을 도와드릴까요?" "고객님, ㅇㅇ씨가
안 계시는데 제가 대신 도와드려도 되겠습니까?"
–"아~ 네, 잘 알겠습니다."

통화내용을 요약, 복창한다.

☎ 전화를 끊기 전에는 중요한 사항을 정리하여 재차 확
인한다.
–"네~ 8일 수요일 오전 10시까지 저희 사무실로 방문
하신다는 말씀이죠."

마무리한다.

☎ 통화의 마지막 멘트에는 감사하는 마음으로 "더 궁금
한 점은 없으십니까? 감사합니다. ㅇㅇ입니다"라고
정중하게 인사하고 고객이 먼저 끊은 후 수화기를 놓
는다.

전화 거는 방법

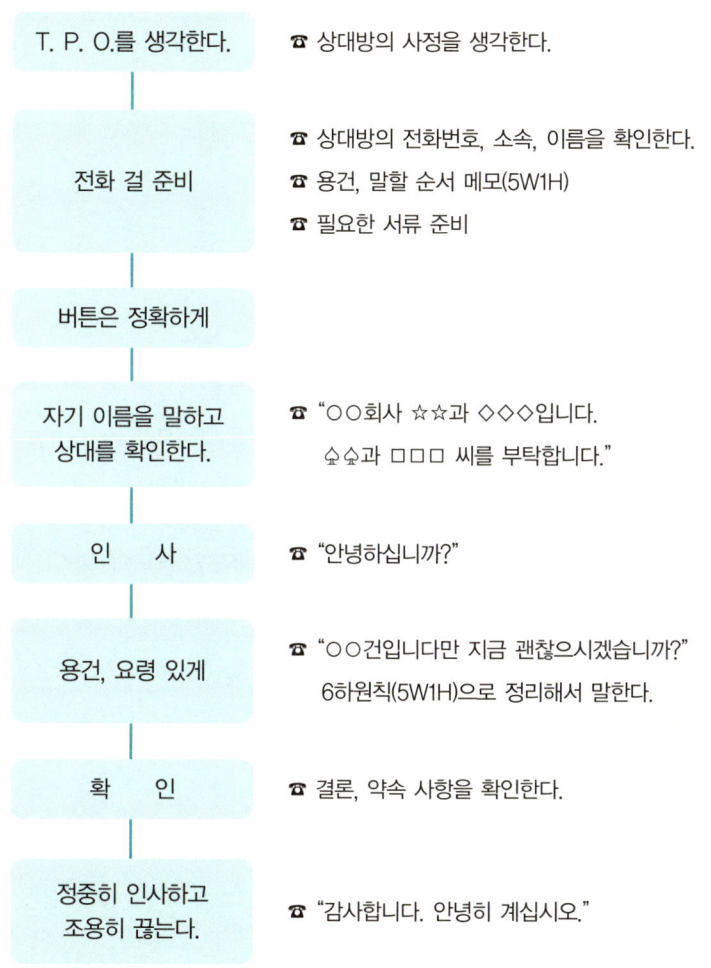

T. P. O.를 생각한다.
☎ 상대방의 사정을 생각한다.

전화 걸 준비
☎ 상대방의 전화번호, 소속, 이름을 확인한다.
☎ 용건, 말할 순서 메모(5W1H)
☎ 필요한 서류 준비

버튼은 정확하게

자기 이름을 말하고
상대를 확인한다.
☎ "○○회사 ☆☆과 ◇◇◇입니다.
　슣슣과 □□□ 씨를 부탁합니다."

인　사
☎ "안녕하십니까?"

용건, 요령 있게
☎ "○○건입니다만 지금 괜찮으시겠습니까?"
　6하원칙(5W1H)으로 정리해서 말한다.

확　인
☎ 결론, 약속 사항을 확인한다.

정중히 인사하고
조용히 끊는다.
☎ "감사합니다. 안녕히 계십시오."

전화 응대의 기본 화법

상 황	화 법
전화를 받았을 때	감사합니다. ○○회사 ○○○입니다.
기다리게 할 때	죄송합니다만, 잠시 기다려주시겠습니까?
기다리고 난 후	오래 기다리게 해서 죄송합니다.
물어볼 때	죄송합니다만, ○○입니까?
용무처리가 되었을 때	예, 알겠습니다.
용무처리가 안 되었을 때	죄송합니다만, ~
부탁이나 의뢰할 때	죄송합니다만, ~해주시겠습니까?
다시 물어볼 때	한 번 더 말씀해주시겠습니까?
담당자를 연결해줄 때	담당자를 바꿔드리겠습니다.
찾는 사람이 없을 때	지금 자리에 안 계신데 괜찮으시다면 ~ 제가 전해드리겠습니다.
다른 사람과 상의해야 할 때	잠시 기다려주시면 알아보겠습니다.
마침 인사	잘 알겠습니다. 감사합니다. 안녕히 계십시오.

함께 일하는 사람을
즐겁게 하자

여러 계층의 사람으로 둘러싸인 직장생활에서 가장 재미없는 것은 대인관계 알력과 갈등문제, 시기와 질투, 주위 사람들의 불신이다.

신뢰받는다는 것이야말로 직장생활을 즐겁게 만드는 첫째 조건이다. 이것은 사람들과 관계에서도 마찬가지다.

어떻게 해야 고객 · 윗사람 · 동료 · 아랫사람 · 외부의 신뢰를 받을 수 있을까? 이것이야말로 고객에게는 유익하고 자기 자신은 일을 재미있게 하기 위한 최대 기반이라고 할 수 있다.

다양한 계층의 사람에게 신뢰받는 제1단계는 먼저 상대방을 잘 알고, 모든 일을 상대방 처지에서 생각하는 습관을 기르는 것이다. 내가 상대방이라면 어떻게 생각할까, 내가 윗사람의 처지 또는 동료의 처지라면 내게 어떻게 해주기를 바랄까. 이것을 정확히 파악한 뒤 행동하는 것이 신뢰받는 사람의 첫째 요건이다. 자기 일만 생각하는 사람은 절대로 신뢰받지 못한다.

'자기가 바라는 바대로 남에게 베풀라'는 성서의 말이 있다. 이는 비즈니스뿐 아니라 모든 일에 통하는 중요한 사고방식이지만, 다른 사람이 느끼는 것이나 바라는 것을 감수성이 둔해서 파악하지 못하면 신뢰받기는 어렵다. 조직은 상호 의존관계이므로 반드시 신뢰가 구축되어야 한다. 이렇듯 상호 의존관계를 맺고 신뢰를 구축하기 위해 절실한 것이 커뮤니케이션이다. 관리의 목적이 팀원의 신뢰를 구축해 업무를 효과적으로 완수하는 것이라고 볼 때 커뮤니케이션은 무엇보다 중요하다.

유명한 경영인에게 성공 비결을 물었더니 모두 고객이나 거래처 등 일로 관계를 맺은 여러 사람의 힘이며 자신은 힘을 아주 조금밖에 들이지 않았다고 했다. 이는 겸손의 말이 아니라 성공한 사람일수록 자기 능력을 잘 알며, 성공은 여러 사람의 덕택임을 실감하고 있음을 보여주는 것이다.

세상은 자기에게만 편리하게 되어 있지 않다. 말 없는 가운데 윗사람의 배려가 있으며, 동료나 아랫사람이 그늘에서 도와주기 때문에 일을 할 수 있는 것이라고 생각하는 게 옳다.

실무 경험이 충분하지 않을 때는 성공하면 자기 능력 덕분이고 실패하면 다른 사람 탓이라고 생각하는 경향이 강하지만, 실제에서는 자기가 생각하는 만큼 자기 힘이 강하지 않으며 남의 힘이나 우연에 의존하는 부분도 크다는 것을 잘 기억해두기 바란다.

부서와 부서, 구성원과 구성원의 연계가 원활해야 목표를 수월하게 달성할 수 있다. 그러나 문제는 모든 관계가 항상 원만하게 유지되지 않는다는 데 있다. 협력하는 부서보다 협력을 요구하는 쪽이 항상 많고, 개인도 도움을 주려 하기보다 도움을 받아 이익을 보려는 쪽이 우위에 있기 때문에 마찰이 생기고 반목하게 된다.

어떤 조직이든 힘의 균형이 일정하지 않으므로 다른 부서와 연계를 무시한 상태에서 독단적으로 조직의 목표를 달성할 수 없음을 잊지 말아야 한다. 개인적 능력과 부서끼리의 긴밀한 유대, 상호 신뢰관계가 조직을 이끌어가는 원동력이다.

일한다는 것은 자기와 함께 일하는 동료 또는 고객과 거래처 사람이 항상 편해질 수 있게 이쪽이 움직인다는 뜻이다. 주위 사람이 편해질 수 있도록 유념하면서 행동하면 상대방은 자기와 일하는 것을 즐거워하며 신뢰를 준다. 또 무엇을 부탁했을 때는 기꺼이 협력하기 때문에 더욱 편해질 수 있다.

'옆 사람을 편하게'의 반대는 '내가 편하게' 움직이는 것이지만 이렇게 해서는 주위 사람에게 폐를 끼치게 되고, 함께하는 일도 잘 되지 않으며, 상대방은 불신의 눈으로 보면서, 자신에게서 멀어져 스스로 고립된다. 의뢰하고 싶은 일이 있어도 제대로 협력해주지 않아 괴로워진다.

인간관계는 기본에 충실한 단계의 공통 목적을 이루기 위해 함께 일하는 사람을 즐겁게 하고, 그 결과 자기도 편하고 즐겁게 일하기 위한 생활습관이다.

# 성공하는 직장인의 마음가짐

인간은 누구나 성취 능력과 성공할 자질, 위대한 일을 감당할 만한 능력을 지니고 있다. 어떤 일에서든 능력을 높이 쌓으려면 무엇보다 기본적인 부분을 철저히 다지는 것이 중요하다.

스포츠를 생각하면 이해하기 쉽다. 테니스 · 골프 · 수영 · 농구 등 어느 종목이든 기초 연습을 소홀히 하면 진짜 선수는 될 수 없다. 스포츠뿐만 아니라 수학이나 영어 같은 공부에도 정석(定石)이라는 기본이 있다. 정석을 철저히 익히지 않으면 상대방에 따라 상황이 바뀌는 반전 상황에서 정확한 수를 놓을 수 없다.

사람은 누구나 독립된 인격을 지니고 있다. 사람이 독자적인 인생 목적을 향해 혼자 힘으로 나아가기 위해서는 다음 사항을 유의해야 한다.

첫째, 자발적으로 행동한다. 자기 엔진을 스스로 돌리고 활력을 발휘해서 강력한 생명력을 연소시키려면 인생 목적을 향한 커다란 비전이 있어야 한다. 그러려면 생애 설계, 즉 인생 목적의 비전을 계획해야 한다. 상황 변화를 민감하게 간파하고 자기 향상을 거듭하려면 기본 계획을 확고하게 세우고 수정을 유연하게 생각해야 한다. 또 폭넓은 영역에 걸쳐 많은 경험을 쌓을 수 있도록 업무에 쫓기지 않고 여유 있는 시간 활용도 생각해두어야 한다.

둘째, 자기 자신에게 책임진다. 자기주장이나 행동은 결과적으로 자기 의지의 선언이다. 따라서 행동의 결과는 전적으로 본인이 책임을 져야 한다. 책임진다는 것은 모든 것을 인정하거나 사실의 본질을 파악하는 감각을 기르는 것이다. 자기 자신이나 주위 사람들이 잘하고 있는 점과 모자라는 점을 냉정히 살피고, 감정을 억제해 자신에게 도움이 되게 해야 한다.

셋째, 창의적으로 성과에 이바지한다. 조직에서는 성과에 이바지하지 않는 한 행동한 것으로 인정하지 않는다. 자신의 견문과 학식이 주위 사람의 견해나 사회 규범과 차이가 있을 때에는 조화를 위한 창의적 연구가 필요하다.

사람은 누구든 장단점이 있으며, 사람의 능력 차이는 결국 장점과 단점의 비율 차이에 지나지 않는다고도 할 수 있다.

힘을 기르려면 자기 자신을 냉철히 바라봐야 한다. 말하자면 자기를 손바닥에 올려놓고 객관적으로 관찰해 어떤 점을 주의해서 생각해야 하는지 조사하고, 자신이 변하거나 조심해야 할 것을 남이 말하지 않더라도 자주적으로 고치려고 노력하는 것이다.

자기의 단점을 싫어하는 것은 자기 몸속에 맹장이 있지만 없는 것으로 하고 싶다는 것처럼 우스꽝스럽다. 자기 자신을 냉철히 본다는 것은 동시에 다른 사람의 비판이나 조언에 솔직하게 귀를 기울인다는 것이다. 발전하려는 마음이 있는 사람은 누구든지 할 수 있으며, 솔직한 마음이야말로 자기를 프로로 기르는 가장 큰 힘이라고 할 수 있다.

성공하려면 성공한 것처럼 행동하라. 그렇게 하면 성공은 자기 손 안에 있다. 성공하기 원하거든 성공한 듯 생각하고, 말하고, 행동하라는 것이다. 크게 성공한 사람들의 경력을 분석하면 반드시 공통 패턴이 있다. 그들은 길을 돌아가지 않고 최단거리를 도약한다.

성공하려면 끊임없는 노력이 절대적으로 필요하다고 생각하는 사람이 대부분일 것이다. 그러나 성공한 사람을 분석해보면 모두 우연치 않은 기회에 성공을 잡았음을 알 수 있다. 어느 날 갑자기라고 해도 좋을 만큼 갑자기 성공한다.

도약은 시간과 공간을 초월해 직접 목적지에 도달하는 우주선의 항법과 같다. 결국 스텝을 하나하나 밟는 것이 아니라 희망을 향해 일직선으로 날아간다. 그쪽이 성공률도 훨씬 높다.

예를 들어 미국의 부동산 왕 도널드 트럼프는 어떻게 성공했느냐는 질문에 "어렸을 때부터 큰 꿈이 있었죠. 그러나 보통 사람들은 처음부터 큰 꿈을 품으려 하지 않습니다. 큰 꿈을 품는다는 것은 생각의 폭을 넓혀가는 것입니다. 그러나 그런 경우에도 걸리는 시간은 변하지 않습니다"라고 말했다. 트럼프의 말은 도약이론 그대로다.

록펠러나 카네기 등도 비슷한 경로를 밟았다. 그들의 공통점은 피라미드의 밑바닥부터 시작해서 정상에 도달했다는 점이다. 자금도 연줄도

없이 출발해 성공했다는 점이다. 그러기 위해서는 도약이 불가결한 요소다.

대부호들의 공통된 도약이론에는 어떤 비밀이 숨겨져 있는 것은 아닐까? 성공 법칙이 많이 발표되었지만 도약은 그것과 차원이 전혀 다르다. 종래의 성공 법칙은 한 단계, 한 단계 올라가는 것이었다. 그러므로 어느 정도 재능이 있더라도 억만장자가 되는 데 몇 십 년이나 걸린다. 이에 반해 도약이론에서 중요한 것은 시간에 관한 사고방식이다.

인간의 눈에 어떤 사물이 들어왔을 때 뇌가 감지하는 것은 순간이지만 과거 풍경이다. 그저 스쳐 지나가는 풍경을 보는 것에 지나지 않는다. 그렇다면 현재는 무엇인가? 자신이 그리는 이미지 자체다. 그러므로 이미지가 빈곤한 사람은 빈곤한 미래밖에 건설할 수 없다.

눈앞의 현실은 무시하라. 지금까지는 이미 지나간 과거의 일이다. 눈으로 보는 현실조차 지나간 과거다. 과거에 재산이 많았던 인간은 자신을 변화시킬 수 없다. 마음껏 비약하는 것은 도저히 불가능하다. 이러한 사람은 성공과 인연이 없다. 지금까지 돈과 재능, 성공과 인연이 없었다고 비관할 필요가 없다. 지금부터 변화를 모색하면 된다.

물리학에서는 빛보다 빠른 것은 존재하지 않는다고 한다. 하지만 인간의 능력에는 초인적인 힘이 있다. 이미지가 바로 그것이다. 자신이 생각하는 것을 묘사한 이미지는 빛보다 빠르고 자신을 변화시키는 힘이 내재되어 있다. 그것은 육체에까지 영향을 미친다.

대뇌에서 묘사한 이미지는 육체를 지배한다. 성공을 항상 이미지화하는 사람의 근육은 유연하게 움직인다. 반대로 빈곤한 현실에 부딪히는 사람의 근육은 딱딱하고 원활하지 않다. 4차원의 이미지가 3차원의 육체를 지배한다.

빈곤한 생활을 하더라도 장래의 풍요로운 자신을 이미지화하는 힘이 있으면 그에 따라 육체도 정력적으로 원활하게 작용한다. 육체가 원활하게 작용하지 않으면 어떤 멋진 비즈니스 아이디어가 있어도 성공할 수 없었던 예는 많다.

성공한 자들은 왕성하게 행동한 사람들이다. 터무니없을 만큼 큰 꿈을 꾸고 육체로 현실화해간다. 그뿐만 아니라 정력적으로 그것을 완수한다. 이는 그 사람의 이미지의 힘이다. 그렇다면 구체적으로 어떻게 이미지화하면 좋을까?

도약이론은 일종의 타임머신이다. 현실 세계에서 미래까지를 한꺼번에 시간 여행하는 데는 나름의 노하우가 필요하다. 무엇보다 중요한 것은 '성공한 것처럼 행동할 것.' 그렇게 하면 성공은 이미 손 안에 있는 것과 마찬가지다. 대부호의 일상생활을 자세히 살피고 그대로 머리에 새겨 행동하면 반드시 대부호가 될 수 있다.

도약이론으로 한 번에 성공하려면 성공한 자신을 그 즉시 이미지화할 수 있어야 한다. 예를 들어 고급 차를 타고 고급 옷을 입고 사진을 찍어 매일 본다. 그렇게 하면서 일류 생활의 이미지를 머릿속에 새긴다. 이렇게 목표를 대뇌에 입력한다. 이미지를 팽창하려면 허풍을 떠는 것이 중요 요소다.

미국의 3대 텔레비전을 능가하는 케이블 네트워크를 완성한 CNN의 사장은 젊은 시절 '세계 제일의 미디어 왕국을 만들겠다' 라고 호언장담

했지만 아무도 상대해주지 않았다. 힐튼도 도어맨으로 일할 때 '호텔 왕이 될 것이다'라고 말해 프레지던트라는 별명이 붙기도 했다. 그러나 두 사람 모두 그것을 현실화했다.

허풍은 실은 대단한 용기를 필요로 한다. 그리고 자신을 몰아치는 요소로 가장 효과적인 방법이다. 허풍은 상대방에게 말하는 것이 아니라 자신에게 말하는 것이다. 이것이 도약을 낳는 근원이다. 허풍을 언어 형태로 자주 표현하다 보면 육체까지 지배하게 된다. 그 허풍에 따라 육체가 활동을 시작하면 이미 성공한 것이나 다름없다.

꿈이 큰 만큼 성공하기도 쉽다는 것이 도약이론의 특징이다. 작은 꿈만 갖고 있는 사람은 언제까지 기다려도 클 수 없다. 여러분도 큰 꿈을 품으면 더 나은 미래로 도약할 수 있다.

 # 행복한 직장생활을 위한
실천사항

직장생활은 여행 같다. 직장발 성공행이라는 여정은 자그마치 30~40여 년이나 걸리는 긴 여행길이다. 사람이 산다는 것은 다른 사람과 만남의 연속이라고 할 수 있다. 다시 말해 태어날 때부터 죽을 때까지 만남의 연속에서 일생을 보낸다. 따라서 만남이 정보 교환의 계기가 되고 자기 팬을 만드는 기회가 된다. 이 기회를 놓치지 말고 감동을 주고 영원한 팬으로 만들어야 한다.

신입사원에게 첫 직장은 대인관계의 텃밭 같다. 회사 안에서 대인관계의 뿌리를 충분히 내리면 그것을 기반으로 든든한 대인관계를 고구마 덩굴처럼 엮을 수 있다.

조직을 알고 사람들과 관계를 돈독히 쌓으려면 어떻게 해야 할까. 첫째 전략으로 꼽을 수 있는 것이 분위기 파악이다. 자기가 근무하는 회사가 어떤 메커니즘으로 돌아가는지 이해해야 한다.

비즈니스맨들이 직장생활에서 만나는 사람들에 국한된 만남만 하다보면 우물 안 개구리식 대인관계를 맺게 된다. 직장 밖 모임에서 새로운 사람을 만나고 전문 정보를 나누며 커리어를 성장시킬 수 있는 만남의 장으로 온라인 커뮤니티를 활용해보자. 특히 직장인은 현직과 관련된 정보를 많이 얻을 수 있는 포럼이나 블로그 커뮤니티 가입이 필수적이다.

온라인 커뮤니티로 독자들에게 추천하고 싶은 곳은 삼성경제연구소의 포럼이다. 여기에서는 각종 연구자료나 보고서를 공유하며 온오프 모임들이 활발하게 운영된다. 그리고 LG경제연구원의 LG주간경제, SERICEO의 '열린지식존' 등 좋은 정보 모임이 있다.

시대가 바뀌면 경영위기를 극복하기 위해 선행되는 많은 문제점을 동호인이 함께 해결해나가야 한다. 환경 변화에 따라 경영 과제도 달라지고 선호하는 기법도 변해야 한다. 기업의 살아 있는 실례들을 수집·분석하여 기업실정에 알맞은 지식과 노웨어(Know Where) 정보를 개발하여야 한다.

성인이 되면 원하는 직장이라는 여행길을 주위 사람들의 축하를 받으며 부푼 기대를 안고 떠나지만, 종착역까지 즐겁고 보람 있는 여행을 하는 사람은 드문 것 같다. 직장이라는 역에서 출발할 때는 원하면 쉽게 승차할 수 있지만 노력의 농도와 색깔에 따라 내려야 할 정거장이 다르기 때문이다. 게다가 직장생활이라는 긴 여행을 하는 동안 반드시 지켜야 할 규칙이 있다. 그런데도 사전에 직장생활의 규칙을 교육받지 못했거나 알고 있더라도 제대로 지키지 못해 많은 사람이 도중하차하는 일이 빈번하다.

✖ 행복한 직장생활을 위한 규칙

- **규칙 1** : 윗사람과 아랫사람은 서로 대화해야 한다. 윗사람과 아랫사람은 이심이체다. 따라서 말 안 해도 알겠거니 하지 말고 자기 생각이나 느낌을 말로 표현하고 서로 의사소통되도록 노력해야 한다.

- **규칙 2** : 윗사람과 아랫사람은 서로 칭찬해야 한다. 바보도 칭찬하면 천재가 된다. 바보온달을 온달장군으로 만든 것은 평강공주가 그를 인정하고 칭찬했기 때문이다. 윗사람과 아랫사람은 서로 장점을 칭찬하려고 노력해야 한다.

- **규칙 3** : 윗사람과 아랫사람은 서로 영접해야 한다. 무관심·무반응은 관계 단절을 의미한다. 서로 관심을 갖고 적극적으로 조건 없이 반기도록 노력해야 한다.

- **규칙 4** : 윗사람과 아랫사람은 서로 적응해야 한다. 적응은 맞서는 대결이 아니라 순응하는 것이다. 상대방을 뜯어고치려 하지 말고 내가 상대방에게 순응하도록 노력해야 한다.

- **규칙 5** : 윗사람과 아랫사람은 서로 감사해야 한다. 불평불만은 사랑의 꽃을 시들게 만든다. 감사하는 마음을 갖고 감사하는 말을 하자.

- **규칙 6** : 윗사람과 아랫사람은 서로 존중해야 한다. 옛날에도 양반은 서로 존대하면서 인격을 존중하지 않았던가. 서로 무시하지 말고 존중하자.

- **규칙 7** : 윗사람과 아랫사람은 서로 봉사해야 한다. 봉사는 상대방이 기분 좋게 내가 베푸는 것이다. 상대방의 심중을 헤아려 내가 먼

저 베풀도록 노력해야 한다.

- 규칙 8 : 윗사람과 아랫사람은 서로 용서해야 한다. 함께 일하다보면 섭섭한 일, 억울한 일이 어디 한두 가지인가. 서로 상대방의 잘못을 받아들이고 용서하자.

- 규칙 9 : 윗사람과 아랫사람은 서로 책임져야 한다. 윗사람과 아랫사람은 한 팀이다. 따라서 자기 역할은 물론 유사시에는 상대방의 역할까지도 책임지는 자세가 필요하다.

성공적인 직장생활을 위한 금기 사항

천차만별인 사람들이 모여 저마다 자기 스타일대로 살아가는 직장이라는 공동체에서 동지이지만 경쟁자가 될 수밖에 없는 이들이 직장인들이다.

그 안에서 성공하려면, 훌륭히 살아남으려면 작은 것부터 신중하고 철저하게 해야 한다. 누구든 쉽게 알 수 있을 듯싶지만 자칫 소홀하기 쉬운, 성공적인 직장생활을 위한 금기사항을 살펴본다.

세상을 살아가다 보면 해야 할 것보다 해서는 안 될 것이 훨씬 더 많이 생긴다. 제아무리 뛰어난 능력을 지녔고 월등한 실력을 발휘하더라도 회사 내에서 금기사항을 제대로 지키지 않으면 의외의 낭패를 볼 수도 있다.

※ 회사에서는 강하고 열정적인 모습을 보여라

누구든 일에 매달리다 보면 피로해지기 마련이다. 하지만 그러한 모습을 남에게 그대로 보여서는 안 된다. 피곤하다는 말을 자주 한다든지, 책상에 엎드린다든지, 의자를 젖히고 기대는 행위 등은 절대적인 마이너스 요인으로 작용한다. 개중에는 입을 쩍쩍 벌리며 하품을 하기도 하는데 이 또한 절대로 피해야 할 행위다. 상사의 눈에는 근무태도가 매우 불성실하게 보일 것이며, 동료나 후배에게도 그런 태도는 절대적으로 마이너스 요인이다.

피로가 몰려오는 건 막을 수 없다. 도저히 못 견딜 정도면 피로회복제를 먹든지, 바람을 쐬서 정신을 맑게 해야 한다. 그것으로도 안 되면 적당한 핑계를 대고 사우나라도 가든지, 잠시 눈을 붙이고 오도록 하자. 어떠한 경우든 사무실에서 축 늘어진 모습을 보여선 안 된다.

※ 혼자만 일하는 척, 쫓기는 척하지 마라

지시받은 서류를 들고 상사의 방으로 줄달음치는 직장인. 그를 바라보는 주변 반응은 과연 어떨까? '저 친구 참 부지런하다!' '뭐가 바빠 저 모양이야?' 라는 두 가지 반응이 나올 것이다. 하지만 지시한 상사는 시간에 쫓겨 허겁지겁 들어서는 부하직원의 모습을 크게 신뢰하지는 않을 것이다.

S상사 K실장은 결재서류를 들고 중역실을 찾을 때면 일부러라도 여

유 있게 걷는다. 그는 그렇게 마감시간 30분 전에 꼭 보고를 마친다. S상사 기획실에서는 마감시간에 쫓기며 서류철을 들고 복도를 달리는 모습이 완전히 사라졌다. K실장의 여유 있는 걸음걸이가 밑거름이 됐음은 두말할 나위 없다.

간혹 '나는 이것도 해야 하고 저것도 해야 한다' 며 업무량이 많다고 투덜대는 직장인은 혼자서만 할 일이 엄청 많다고 생각한다. 하지만 모두 할 일이 많고 바쁘다. 설사 자기 혼자만 바쁘고 일이 많다 할지라도 혼자서만 일이 많고 바쁜 모습을 보여서는 안 된다.

많은 업무에 시달리면서도 늘 여유 있고 넉넉해 보이는 직장인의 모습은 누구에게나 멋지고 능력 있게 비춰질 것이다.

회사에서는 될 수 있으면 사적으로 전화하지 마라

남들은 모두 업무에 열중하는데 아내나 연인과 전화로 희희낙락한다면 그에 대한 평가는 어떨까? 근무시간에 사적인 전화를 거리낌 없이 쓰는 직장인은 일단 성공과 거리가 멀다. 사무실에서는 절대 사적인 전화를 써서는 안 된다.

전화가 걸려온 경우도 마찬가지다. 급한 일이나 꼭 필요한 일이라면 간단히 통화하고, 나중에 공중전화나 휴대전화로 통화한다.

회사 로비나 밖으로 나가서 전화하는 게 귀찮아서 남의 눈치 보며 사무실에서 사적인 전화를 쓰는 것은 100퍼센트 마이너스 요인이다. 회사 전화는 업무수행을 위한 것임을 결코 잊어서는 안 된다. 그리고 작은 소리로 이 사람, 저 사람 눈치 보며 통화해도 주변 사람들은 이미 눈치 채고 있음을 잊어서는 안 된다.

✖ 회사나 상사에 대한 불평이나 험담을 하지 마라

어느 회사든 불평불만이 없을 수 없다. 더군다나 자기 마음에 쏙 드는 상사는 이 세상에 단 한 사람도 없다. 그런데도 '회사가 어떻고, 상사가 어떻고' 하는 불만을 사무실에서 쏟아내는 직장인이 의외로 많다.

하지만 어떠한 경우든 불평을 회사에 쏟아내는 잘못을 범해서는 안 된다. 어떠한 경로로든 중역이나 상사의 귀에 들어가기 마련이다.

동료나 선후배와 함께 거품을 물어가며 욕을 해도 누군가의 입을 통해 대부분 회사 측이나 해당 상사의 귀에 들어간다. 도저히 참을 수 없는 지경이면 술자리 같은 데에서 털어버려라. 회사에서 불평이나 험담은 절대 금물이다. 특히 훗날 간부가 돼서는 회사 내에서 회사에 대해 불평하거나 상사를 험담해서는 더더욱 안 된다.

✖ 점심모임이나 술자리에 자주 빠지지 마라

어떤 직원이 개인적인 약속이나 일이 그리도 많은지 동료들과 퇴근 후 회식자리에 함께하는 경우가 거의 없었다. 어떤 핑계를 대든 빠져나가는데다가 어쩌다 점심이라도 함께하게 되면 밥값을 낸 적이 한 번도 없었다.

처음엔 '무슨 사정이 있겠지' 하던 동료들도 같은 일이 몇 번 반복되자 으레 그를 제외하기 시작했다. 얌체 짓을 계속하던 그는 저녁 회식자리는 물론 점심시간에도 동료들과 함께할 수 없게 되었다.

직장생활은 사무실에서만 하는 것이 아니다. 점심시간이나 퇴근 후 술자리 등에서도 직장생활은 계속된다. 부득이하지 않은데도 그런 자리에 번번이 빠지는 당신을 향한 동료들의 목소리는 결코 밝지 않을 것이다.

또 한 가지, 이러한 자리에서 함께 어울릴 때도 지나치게 회사 일, 특히 평소의 불만 등을 물고 늘어지는 것도 좋은 모습은 아니다. 점심시간이나 술자리는 회사업무나 스트레스에서 벗어난 또 다른 모습의 직장생활임을 잊어서는 안 된다.

✖ 위기에 처했을 때에도 결코 약한 모습을 보이지 마라

직장생활을 하다보면 뜻하지 않은 실수, 좌천, 지방 발령, 질책 등 여러 형태의 위기를 맞을 수 있다. 하지만 이때 보이는 반응이 중요하다. 지나치게 동요하거나 의기소침해서는 안 된다.

설령 억울한 대접을 받게 됐다 할지라도 철저하게 의연할 필요가 있다. 노골적으로 불만을 표하거나, 상사에게 대들거나, 좌절하는 모습을 보이는 건 아무런 의미도 없다. 어차피 그 회사에 남을 수밖에 없는 상황이라면 초연하게 받아들여라. 그것을 도약의 기회로 만들어라. 슬럼프나 위기 뒤에는 반드시 기회가 오게 돼 있다.

실제로 상사에게 밉보여 이 사무실, 저 부서로 쫓겨다니던 직장인이

있었다. 그런데도 그는 늘 의연했다. 주변에서 걱정해주면 오히려 '내 책상을 들어내도 절대 그만두지 않는다' 라고 했다. 시간이 흐른 뒤 그는 마침내 능력을 인정받아 요직에 발탁되었다.

✖ 회사에만 나를 맡기지 마라

나만 열심히 하면, 열과 성을 다해 충실하기만 하면 회사가 나를 평생 돌봐줄 것이라는 생각은 버려라. 당신은 회사를 위해 몸과 마음을 다 바치고 있다고 생각할지라도 회사는 경영혁신, 경영합리화, 위기극복 등을 위해 당신을 과감히 떨쳐버릴 수 있다. 따라서 회사가 평생직장이라는 생각은 추호도 해서는 안 된다.

그렇다고 매사에 회사를 불신하고, 한시라도 떠날 준비를 갖추라는 뜻이 아니라 다만 어떠한 경우든 회사가 당신을 놓치고 싶어 하지 않을 만큼 탄탄한 실력을 갖추라는 이야기다. 최악의 경우 회사가 무너지더라도 여기저기에서 당신을 끌어가려고 덤빌 만큼 확고한 실력을 갖추어야 한다.

요즘 같은 무한경쟁시대에는 언제 어디에서라도 당당하게 내세울 실력만이 나를 지켜주는 훌륭한 무기다.

직장인의 기본적인 근무 자세와 태도

직장생활을 시작하면 대부분 가정보다 직장에서 시간을 훨씬 더 많이 보내게 된다. 그 많은 시간을 함께하는 동료, 상사나 선후배의 눈에 나는 과연 어떠한 모습으로 비칠까?

저마다 성격과 환경이 다른 사람들이 만든 직장이라는 틀에서 생활하는 직장인은 자칫 별것도 아닌 문제로 오해와 곤경에 빠지기도 한다. 그리고 한 번 찍히면 그것으로 그만일 수도 있다.

직장은 단순히 생계를 위한 곳이 아니라 자신의 삶과 비전을 실현하는 곳이다. 하루 중 가장 많은 시간을 직장에서 머물면서 자기 능력과 요구를 실현하는 장소이자 수단이기도 하다. 자기 일에 최선을 다하고 그 대가를 받으며, 일을 통해 성취감을 맛볼 수 있다면 의미 있는 삶이다.

✖ 출근부터 퇴근까지의 매너

바른 몸가짐은 모든 행동의 기본이며 교양의 척도다. 몸가짐이 단정하고 우아한 사람은 인품이 더욱 돋보인다. 몸가짐이 바르면 어떠한 상황에서도 여유가 있다. 청결한 몸가짐으로 모든 사람에게서 호감을 받도록 한다.

- 휴식시간과 근무시간을 구분한다. 예정된 휴식시간보다 5분 일찍 자리에 앉는다.
- 공과 사를 구분한다. 일이 없는 한가한 시간이라도 개인적인 업무를 보거나 책을 읽지 않는다.
- 자리를 떠날 때는 소재를 분명히 전한다. 목적지, 용건, 소요 시간을 분명히 밝혀야 한다.
- 외출할 때는 경영자의 허가를 받는다. 목적지, 목적, 소요시간을 보고하고 허가를 받는다. 외출지에서 용건이 길어져 귀사가 늦어질 때는 전화로 보고한다.
- 외출지에서 퇴근시간을 넘긴 경우 귀사 여부를 경영자에게 전화로 물어보고 지시에 따라 행동한다.

✖ 출근할 때의 매너

다른 건 다 잘하는데 지각, 그것도 꼭 5분, 10분을 늦어서 인정을 못

받는 사람이 의외로 많다. 5분만 일찍 일어나자. 출근시간에 쫓겨 허겁지겁 달려오는 사람에 비해 모양새도 좋고, 30분쯤 일찍 출근하면 하루가 길게 느껴져 일처리도 수월하게 할 수 있다. 부득이하게 지각한 때에는 곧바로 상사에게 가서 늦은 것에 양해를 구한다.

이때도 구구한 변명은 필요 없고 사유를 간단명료하게 설명한다. 사전 연락이 가능하면 전화 등으로 연락하며, 지각했다고 자기 자리로 몰래 가는 방법은 좋지 않다.

직장생활은 시계와 싸움의 연속이다. 정해진 출근시간보다 15~20분쯤 여유를 가지고 출근해서 정각에 업무를 시작할 수 있는 자세가 필요하다. 그리고 크고 밝은 목소리로 먼저 인사한다. 인사는 직장생활의 윤활유다. 또 항상 밝은 표정으로 출근한다. 아침의 기분이 하루의 기분을 좌우한다. 일단 회사에 들어서면 의도적으로 밝은 표정을 짓도록 노력하자.

출근

- 출근은 자리에 앉아 고객을 맞을 수 있게 시간적으로 여유 있게 한다.
- 출근한 뒤의 네 가지 준비(마음, 머리, 몸, 일할 준비)를 갖춘다.

지각

- 지각은 하지 않는 것을 원칙으로 한다.
- 출근시간이 많이 걸리는 경우에는 특히 주의한다.
- 사고 등으로 늦어질 경우 지체 없이 연락한다.

- 부득이한 경우에는 도착 즉시 경영자에게 사유를 설명하고 양해를 구한다.

결근

- 예정된 결근일 때는 적어도 3~4일 전에 경영자와 동료에게 알리고 소속부서장의 결근허가를 받는다.
- 결근 후 출근했을 때는 동료나 경영자에게 수고에 대한 감사와 귀임인사를 한다.
- 돌발적 결근이 필요할 때는 반드시 업무 개시 전까지 경영자에게 전화 등으로 연락한다.
- 결근 중의 소재지, 연락처 등을 미리 알려둔다.

업무능률 신장은 고객관계가 원활하고 함께 일하는 사람들의 힘이 모아져야 이룩된다. 매일매일 직장생활을 유쾌하게 보내려면 존경심과 감사한 마음이 깃든 인사가 몸에 밴 생활을 해야 한다.

회사에서 사람과 마주치면 무조건 인사한다. 특히 신입사원 시절에는 누가 누구인지 몰라 뜻하지 않은 실수를 하는 경우가 많다. 따라서 내가 먼저 인사한다. 고개만 까딱 할 것이 아니라 고개와 허리를 숙이며 정중하게 인사하는 것이 좋다. '안녕하세요?' 또는 '안녕하십니까?' 하고 가볍게 인사말을 건넨다.

예부터 인사해서 뺨맞는 일은 없다고 했다. 'ㅇㅇ부서 아무개는 참 인사성이 밝더라'는 소문이 이내 돌게 될 것이다.

- 직장의 커뮤니케이션은 인사에서 시작된다.
- 직장생활을 활기차게 하기 위해 나부터 먼저 큰소리로 '안녕하십니까?' 한다.
- 인사말은 단지 다른 사람에게 하는 의례적 인사로 끝나는 것이 아니라 내게 던지는 '자, 오늘도 열심히 일하자' 라는 자기암시다.

아침인사로 시작한다

- 출근하면서 밝은 얼굴, 명랑한 목소리로 먼저 인사한다.

"좋은 하루 보내시기 바랍니다."

"오늘 하루도 잘 부탁드립니다."

- 내방객에게 인사한다.

"안녕하십니까?"

"어서 오십시오."

"기다리고 있었습니다."

"방문해주셔서 감사합니다."

- 외출하거나 출장 갈 때

"다녀오겠습니다."

"수고 많이 하게."

"다녀왔습니다."

"수고하셨습니다."

- 결근하거나 지각했을 경우

"결근해서 죄송합니다."

"늦어서 죄송합니다."

• 감사와 사과는 시기 적절하게

"일을 가르쳐주셔서 감사합니다."

"죄송합니다. 실례했습니다."

• 먼저 퇴근할 때는 양해를 구한다. 퇴근시간이 됐어도 곧바로 퇴근할 수 없는 것이 직장인 대부분이 겪는 현실이다. 처리해야 할 업무가 남아 있을 때 시간이 많이 소요되는 업무가 아닌 한 모두 처리하고, 부득이한 경우에는 양해를 구하고 먼저 나간다. 퇴근시간이 됐다고 총알같이 튀어나가서는 안 된다.

"먼저 실례하겠습니다."

"먼저 퇴근하겠습니다."

"내일 뵙겠습니다."

✖ 근무시간의 매너

태도

• 항상 예의바르고, 명랑하고, 쾌활하게 임한다.

• 책상 위는 항상 정리정돈을 해놓는다.

• 발장난을 하거나 발을 꼬고 앉는 것은 보기 흉하다.

• 책상에 앉아서 하품하거나 양손을 높이 들어 기지개를 켜는 등 피곤한 모습을 보이지 않는다.

• 일과 관련되지 않은 것을 읽는다거나 사적인 일은 삼간다.

- 사무실에서 화장하거나 손톱을 깎는 것은 좋지 않다.
- 자리에 앉을 때는 의자를 당겨 앉고, 자리에서 떠날 때는 의자를 책상 밑에 넣는다.
- 사사로이 전화한다든지 남의 자리에서 잡담하는 일은 삼간다.
- 일하는 사람에게 말을 걸 때는 반드시 옆에 가서 조용히 한다.
- 계산하는 사람에게는 잠시 쉴 때 말을 건다.
- 가능한 한 간결하게 말하고, 장난하거나 큰 소리로 말하거나 크게 웃거나 품위 없는 행동을 하지 않는다.
- 응접실, 회의실에 들어갈 때는 노크한다. 단, 사무실에 들어갈 때는 그럴 필요가 없다.
- 문을 여닫을 때 통행하는 사람이 방해되지 않게 한다.

자리를 뜰 때 책상 위에 서류를 늘어놓지 마라

잠시 자리를 비우더라도 책상 위 서류는 반드시 정리하는 습관을 들인다. 책상 위에 서류가 어지럽게 널려 있으면 보기에도 좋지 않을뿐더러 보안을 요구하는 것일 경우에는 함부로 놓아둬서는 안 되기 때문이다.

화장실에 잠시 다녀오는 정도가 아닐 경우 옆 사람에게 목적지와 돌아오는 시간 등을 말해두는 것이 좋다. 물론 업무상 장시간 외출할 경우 2시간에 한 번씩 중간 연락하는 걸 잊지 말자. 근무 중일 때 함부로 자리를 비워서는 안 된다. 부득이하게 자리를 비우더라도 일에 지장을 초래하지 않게 해야 한다.

- 목적지, 용건, 예정시간을 경영자, 동료에게 메모, 전언 등으로 알린다.
- 공무 또는 사사로운 일을 막론하고 외출할 때는 특별한 경우가 아닌 한 경영자의 허가를 얻고, 돌아와서는 필요하면 요지를 보고한다.
- 오랫동안 자리를 비울 경우에는 예상되는 전화, 방문객의 용무를 동료에게 자세히 이야기해둔다.
- 돌아와서는 부재중 용건 유무를 확인한다.

복도나 계단에서

- 조용하게 우측통행하며 돌 때는 우측으로 작게, 좌측으로 크게 돈다.
- 복도나 세면장에서 오랜 시간 담화는 금물이다.
- 통행 중 고객이나 경영자가 지나갈 때는 즉시 서서 가볍게 인사한다.
- 안내할 때는 안내받는 이의 바깥쪽 옆에서 걷는다.
- 고객이나 경영자가 앞에 갈 때는 뒤에서 따라가며, 급할 때는 인사하며 지나간다.
- 목적지를 몰라 머뭇거리는 고객에게는 '어디를 찾으십니까? 안내해드릴까요' 하고 물으며, 안내를 원하면 친절히 안내한다.

✖ 근무시간 중 핵심 포인트

자세는 마음의 표현

근무 중 자세가 좋은 사람은 그것만으로도 호감을 주고 신뢰감을 준다. 반대로 자세가 나쁜 사람은 상대방에게 나쁜 인상을 줄 뿐 아니라 업무 능률도 오르지 않는다. 근무하는 동안 정확한 자세를 유지하는 것이 아름답게 보이고 업무 능률도 올리는 지름길이다.

기본자세

- 허리와 가슴은 펴고, 머리는 곧게 하며, 입가엔 미소를 띤다.
- 다른 사람과 이야기할 때 손을 몸의 앞으로 모으면 정중한 인상을 준다. 조회할 때나 식장 등에서 서 있을 때도 이런 자세를 취한다.

보행 자세

- 등을 곧게 세우고 어깨의 힘을 뺀다.
- 무릎을 곧게 펴고 배를 당기며 중심을 허리 높이에 둔다.
- 턱을 당기고 눈은 자연스럽게 앞을 본다.
- 걷는 방향이 직선이 되게 한다.
- 복도나 로비에서는 통행에 방해가 되지 않게 한다.

의자에 앉는 자세

- 되도록 의자의 왼쪽부터 앉는다.
- 허리와 가슴을 펴고 의자 깊숙이 안정되게 앉는다.
- 두 무릎은 단정히 모아 붙이고 두 손을 가볍게 무릎 위에 놓는다.
- 여직원은 무릎과 다리를 모아 붙이고 옆으로 비스듬히 뻗는다.
- 상황과 장소, 의자의 형태에 따라 앉는 자세는 다소 다르다.

책상, 의자에 앉는 자세

- 등받이와 등 사이는 주먹 한 개쯤의 간격을 두고 깊이 바로 앉는다.

- 책상과 윗몸 사이는 적당히 띄우고 등받이에 기대지 않는다.

근무 중 피해야 할 행동

- 의자에 기대서 몸을 흔든다.

- 기지개를 켜거나 하품을 한다.

- 손님을 앞에 두고 직원과 잡담한다.

- 책상이나 서류함에 걸터앉는다.

- 다리를 꼬고 앉아 신발을 반만 걸치고 흔든다.

- 양손을 주머니에 넣고 걷는다.

- 의자에 비스듬히 앉아 일한다.

- 담배를 피우며 일한다.

- 이쑤시개를 입에 넣고 걷는다.

- 남이 보는 데서 화장을 고치거나 무릎을 벌리고 앉는다.

- 사적인 통화가 잦고 길다.

- 귀를 후비거나 손톱을 깎는다.

보연상(보고 · 연락 · 상담)에도 포인트가 있다

상사나 동료에게 보고, 연락, 상담하는 일은 비즈니스의 기본이다. 이것을 잘하는 사람이 꼭 출세한다고는 할 수 없지만 평가에 차이가 나는 것은 확실하다.

⊠ 지시받는 법의 포인트

상사나 선배가 부르면 메모 준비를 해가지고 책상 앞까지 다가간다. 특별한 경우가 아니면 자기 자리에 앉아서 윗사람의 지시사항을 듣는 건 좋지 않다. 지시사항이 끝나면 언제까지 어떤 식으로 일을 처리해야 하는지 요점을 정리하고 내용을 확인하는 게 좋다. 상사에게 '이 사람아, 좀 적게!' 하는 지적을 받으면 큰 마이너스다.

지시받는 법

- 경영자가 부를 때
  - '예' 하고 즉시 대답한 뒤 하던 일을 멈추고 경영자 앞으로 간다.
  - 필기구를 준비해 경영자에게 간다.
- 지시나 명령을 들을 때
  - 경영자의 지시, 명령을 듣는 중에는 의견이나 질문을 피하고 다 듣고 나서 되묻는다.
  - 명령을 받을 때 내용을 6하원칙(5W1H)으로 나누어서 메모한다.
  - 내용을 듣고 나서 요점을 복창하고 확인한다.
  - 다른 일과 중복되어 곧바로 실천할 수 없을 때는 이유를 말하고 먼저 해야 할 일을 지시받는다.

경영자 이외의 윗사람에게서 지시받을 때

- 직장인의 직무권한으로 보아 받아들여도 좋을지 판단한다.
- 받아들여도 좋을지, 어떤 일부터 해야 좋을지 판단할 수 없을 땐 경영자의 지시를 받는다.

지시 요령과 지시받는 법

모든 업무는 직접 또는 간접적인 명령으로 이루어진다. 그중에서도 윗사람에게 받는 지시인 직접적인 명령이 가장 중요하다. 지시 내용은 여러 가지인데 그 실천 여부가 기업의 성장을 좌우한다고 해도 지나친 말이 아니다. 따라서 지시는 정확히 전달되고 바르게 이해되며 적절하게 실행되어야 하므로 조직원 한 사람, 한 사람이 지시 요령이나 지시받는 법을 올바르게 실행하는지 반성해볼 필요가 있다.

지시받을 때 포인트

• 반드시 메모한다

지시를 받을 때는 메모한다. 구두지시일 때는 요점을 빠뜨리지 않게 받아 적는다. 듣는 동안에는 이해했던 사항도 막상 착수할 때는 요점을 파악할 수 없거나 착오를 일으키는 때가 있다.

• 거리낌 없이 확인한다

지시를 받았을 때는 내용을 복창하며 확인한다. 문서 또는 메모에 적힌 요점이라도 이해될 때까지 설명을 듣는 것이 필요하다. 상대가 부장, 과장이라 해서 꺼리는 것은 금물이다.

• 기한을 확인한다

기한을 확인하면서 동시에 목적을 이해하는 것이 필요하다. 또 요구 기한에 맞추기 힘들면 확실하게 이야기하고 조정해야 한다.

• 월권명령에 대처한다

우회해서 지시를 받았을 때는 즉시 직속상사에게 보고해야 한다. 직속상사에게 보고했을 때 주중의 업무량과 기한 조정도 의논하는 것이 좋다.

• 대리참석 지도를 받는다

회의 등에 대리참석을 명받았을 때는 전회까지의 경과, 현안사항, 주장해야 할 의견 등에 관한 설명을 듣고 또 결정권한을 어디까지 부여할지도 확인해야 한다.

- **태도에 주의한다**

지시를 받았을 때는 태도에 주의해야 한다. 어느 쪽이 지시하는 쪽인지 분간할 수 없는 태도도 곤란하지만 너무 긴장하는 것도 좋지 않다. 자연스럽게 응대하고 거만한 태도는 절대로 피해야 한다.

- **출장인사를 한다**

출장명령을 받았을 때는 사전에 검토하고 그 내용을 직속상사에게 설명해 도움을 받는 것이 필요하다. 출발할 때는 '다녀오겠습니다' 하고 상사에게 인사하는 것이 매너.

지시받는 사람의 마음가짐

- **의욕적으로 한다**

적극성을 가지고 지시받는 것이 중요하다. 담당 외라고 여겨지는 지시라도 지시하는 상사의 처지를 참작해서 기분 좋게 받아야 한다. 그리고 일단 받은 이상 책임지고 완수한다.

- **중간보고를 한다**

지시받은 일은 중간보고하는 것이 원칙이다. 경우에 따라서는 착수 여부도 보고하는 게 좋다. 귀찮게 여기지 말고 습관화해야 한다.

- **의논은 적극적으로 한다**

자기가 판단해야 할 일과 상사에게 의논해야 할 일의 판단을 그르쳐서는 안 된다. 그러려면 일상 업무 하나하나에 따라 본론이 무엇인지, 포인트는 무엇인지 이해하는 것이 필요하다.

• 문제점에는 재빨리 대책을 세운다

문제가 생기거나 벽에 부딪혔을 때는 지시를 받은 사람에게 의논하는 것이 원칙이다. 단지 담당업무 내의 일은 직속상사에게 의논해서 지시받아야 한다. 이 의논도 요구 기한을 생각하고 대책을 세울 수 있게 일찍 행해야 한다.

• 창의적 연구를 한다

지시받은 일이라도 자기 나름대로 창의적 연구를 하는 것이 중요하다. 지시받은 일 가운데는 아직 충분히 연구되지 않은 문제도 있으므로 충분히 조사하고 독창력을 발휘해 매듭짓는 것이 지시받은 사람의 책임이다.

• 보고는 결론부터 명확히 한 뒤 경과를 덧붙인다

보고는 어떠한 경우든 결론부터 이야기해야 한다. 보고를 듣는 사람에게는 중간과정보다 결론이 훨씬 중요하기 때문이다. 결과를 먼저 간단명료하게 설명하고 필요하면 경과나 이유 등을 덧붙인다. 이때 자신의 공로나 고생한 이야기를 지나치게 강조해서는 안 된다.

• 전화 메모로 인간성을 알 수 있다

상대방의 회사명, 이름, 전화 받은 시간 등을 명기해 담당자의 책상 위 눈에 잘 띄는 곳에 붙여두는 것이 기본이다. 나중에 '메모를 보셨습니까' 라고 확인하는 것도 필요하다.

• 상사와의 상담은 타이밍이 중요하다

업무에 관한 것, 개인적인 것 등으로 상사와 상담하게 되는 기회는 반드시 있기 마련이다. 중요한 것은 타이밍이다. 상사가 바쁠 때는 물론 기분이 나빠 있을 때는 피하는 게 좋다. 그것을 속속들이 알기 위해서는 평소 상사와 친하게 지내는 것이 중요하다.

• 상사에게 보고는 신속·확실하게 한다

업무상 문제점은 물론 처음 보는 케이스나 조금이라도 의문이 나는 경우에는 즉시 상사에게 보고한다. 예를 들어 그 일이 자기에게 전적으로 맡겨졌다 하더라도 무슨 사고가 나면 책임을 지는 것은 상사인 점을 잊지 말자. 또 보고할 때는 내용을 요약해 결과부터 보고한다. 장황한 보고나 자신 없는 이야기는 상사를 짜증나게 할 뿐이다.

• 업무 추진상황을 정기적으로 상사에게 '중간보고' 한다

원칙적으로 3일 이상 걸리는 일이라면 순조롭게 진행되고 있다고 해도 중간보고가 필요하다. 단순히 보고하는 것 이외에 정기적으로 보고서를 만들어 제출하는 것이 좋다. 물론 상사가 시켜서 하는 것이 아니라 자발적으로 해야 한다. 이것을 계속하면 자연히 보고의 포인트를 알 수 있게 되어 중간보고를 잘하게 된다.

✖ 보고하는 법

업무 보고는 직장생활에서 필수적이다. 경영자는 회사에서 판단해 결정을 내리는 사람이므로 직원은 회사의 사정과 그 밖에 업무에 필요한 자료 등을 수시로 보고해야 한다.

• 일이 끝나면 즉시 간단명료하게 구체적으로 보고한다.

- 결론, 이유, 경과의 순으로 보고한다.

- 보고하기 전에 5W1H로 내용과 순서를 정리한다.

- 보고는 자주 하는 것이 좋다.

✳ 연락할 때의 매너

연락의 중요성

연락을 잘하는 것은 회사라는 조직체가 활동하는 데 매우 중요하다. 특히 여러 부문으로 세분화된 조직에서는 항상 '연락'에 유의해야 한다. 부문과 사람이 아무리 많더라도 서로 긴밀하게 연락해 '한 사람'처럼 유효적절하고 신속하게 활동해야 한다.

연락의 분류

연락은 크게 나누면 종적 연락과 횡적 연락이 있다. 종적 연락에는 위에서 아래로의 것과 아래에서 위로의 것이 있다.

- **종적 연락** : 위에서 아래로의 연락 – 명령, 지시

　　　　　　　　아래에서 위로의 연락 – 복명, 보고, 상신

- **횡적 연락** : 회답, 통지, 통보, 의뢰, 회의(협의)

종적 연락

- **명령 · 지시**

모든 일은 넓은 의미의 명령에서 시작된다. 윗사람의 직접 지시, 명령

없이 행해지는 일상 업무도 그 근원에는 명령이 있으며, 간접 지시 형식으로 행해지는 것이다.

이 같은 간접 지시에 따른 일에서는 지시자의 의사를 헤아리고, 회사에 가장 유익하도록 노력해야 한다. 여기에 기술하는 것은 윗사람이 행하는 '직접적인 지시'다. 여기에는 적극적인 내용이 들어 있으므로 즉시 실행하는 것이 바람직하다. 이때 다음과 같은 점을 주의해야 한다.

첫째, 지시의 요점을 포착한다. 확실히 모르는 점은 그 자리에서 이해될 때까지 즉시 확인한다. 어설프게 물러나와 단독으로 판단해서는 안 된다.

둘째, 지시의 기한을 확인한다. 지시를 완수하는 기한이 표시되지 않을 경우 기한을 물어 확인한다.

셋째, 지시받은 내용을 기록한다. 지시 내용이 복잡하거나 실행에 장기간이 필요할 경우에는 지시자나 지시받은 자 모두 실행결과를 틀림없이 확인해야 한다. 지시를 받은 사람은 그것을 실행하면 결과를 보고해야 한다. 보고는 자신의 판단을 교차시켜 사실을 정확하게 전한다. 보고는 구두로 행하는 경우가 많은데, 중요한 사항이나 양식이 정해진 것은 문서로 행한다.

지시를 시행하는 데 시일이 오래 걸릴 경우에는 중간보고하고 그 후 필요한 지시를 다시 받는 것이 좋다. 요컨대 보고가 없으면 지시한 사람은 그 지시의 실행 여부와 어떻게 실행되는지를 알 수 없으므로 다음 지시와 일을 할 수 없다.

보고는 기업의 활동을 정확히 행하는 지렛대다. 보고에는 구두, 문서 등 여러 방법이 있지만 문서 보고일 경우 보고서 작성에 시간이 걸릴 때는 구두로 요점을 보고하고 나중에 문서로 상세하게 보고하는 것이 좋다.

- 시기를 놓치지 말고 신속히 한다.
- 요점을 간결하고 확실하게 쓴다.
- 정확한 표현, 용어를 쓴다.
- '사실', '정보', '자신의 추측', '의견'을 확실히 구분한다.
- 정보출처 명시, 신뢰성 부가도 중요하다.

횡적 연락
- 문의

사업장에서는 통상 전화로 하고 내용이 복잡하거나 서식이 정해진 것은 문서로 하는 것이 좋다. 문의 내용에 따라 회답용지를 첨부하는 것은 상대방의 부담을 덜어줌과 동시에 알찬 회답을 얻기 위해서다.

- 회답

문의를 받으면 즉시 내용을 검토한다. 기일 안에 회신이 불가능할 때는 미리 양해를 구하고 회답 가능한 날짜를 알린다. 회답은 문의를 받은 점만 확실하게 대답한다.

통지, 통고
- 간단명료하게 작성한다.
- 통지사항에 배포처를 명시한다.

- 담당자 이름을 기입한다.
- 비밀을 요하는 것은 승인을 얻고 '비' 또는 '사외비'를 표시한다.
- 불특정 다수에게 연락할 때는 게시나 구내방송을 고려한다.

의뢰

- **의뢰사항은 명확하게**

의뢰는 어떤 일을 상대에게 부탁한다는 내용을 지닌 연락이다. 구두, 문서 등 여러 방법이 있는데 의뢰사항은 명확하게 하는 것이 좋다. 가능한 한 회답방식을 보이는 것이 좋고 또 회답기일을 알리는 것을 잊어서는 안 된다. 의뢰를 받은 측은 명령을 받은 경우와 마찬가지로 생각하고 의뢰사항을 신속 정확하게 실행하며 조속히 회답 또는 보고해야 한다.

- **의뢰는 신중히**

문의나 앙케트 등 회답을 요구하는 것은 불필요한 일을 상대방에게 주고 폐를 끼치는 것임을 잘 인식하고 신중을 기해야 한다.

회의

회의를 연락의 수단으로 계획하는 일도 있다. 일상 업무 외에 상세한 설명이 필요한 지시사항이나 통지사항 등은 관계자를 한자리에 모이게 해 연락하면 효과적이다. 특히 지루하지 않게 최소한도의 예정시간을 정하고 효율적으로 행해야 한다.

✡ 연락할 때 유의점

신속

연락은 신속하게 해야 한다. 특히 기한이 있는 것은 기일에 맞추는 것이 첫째 요건이다. 아무리 내용이 잘 정리된 보고서라도 기일을 놓치면 그 값어치는 0이 된다.

명확

연락의 목적은 이쪽의 의사를 상대에게 전달하는 일이다. 의사가 통하지 않는 것은 연락이 아니다. 신속하게 연락했지만 내용이 애매하면 상대방이 불필요한 노력을 기울이거나 경우에 따라서는 상대가 내용을 잘못 해석하고 중대한 과오를 범하기 쉽다.

확인

연락은 여러 가지 형식으로 행해지는데 각기 목적을 가지고 있다. 그렇기 때문에 연락의 목적을 잘 판별해 필요에 따라 결과를 확인하는 것이 중요하다. 연락만 하면 일이 성사된다는 것이 아니라 일에 따라서는 연락 결과를 확인하는 마음 자세를 잊어서는 안 된다.

주의해야 할 연락

• 출장 중의 연락

보통 출장에서 돌아온 뒤 보고하지만 급한 보고사항은 물론이고 출장이 장기간에 이어질 경우 출장지에서 수시로 보고해야 한다. 이와 같은 보고에는 행동 계획이나 연락처 명기를 잊어서는 안 된다.

• **책임자 또는 담당자가 부재중일 경우**

시급한 것은 다른 사람이 적당히 대리하고 일의 성질에 따라 필요한 조치를 해야 한다. 단, 기한에 여유가 있는 것은 원칙적으로 본인이 돌아오고 난 뒤 회답하게 한다. 이때 구두, 전화의 경우 담당자가 없는 사유를 전하고 내용을 잘 들은 뒤 가능한 범위 내에서 회답한다. 문서의 경우에는 '친전' 이외에 개봉해 처리할 수 있는 것은 대리자가 처리하고 회답할 수 없는 것은 본인이 돌아와서 처리하게 한다.

연락 수단

연락하는 방법에는 여러 가지가 있다. 각기 구체적인 필요에 따라 연락해야 할 내용, 기일, 효과, 경비 등을 충분히 검토하고 가장 적절한 연락방법을 고르면 된다. 무엇보다도 가장 중요한 것은 필요한 정보가 적절한 부서에, 적당한 시기에 전달되게 하는 일이다.

Part 4

고객관계 증진을 위한
의사소통기법

대화할 때는 고객 처지에서 생각하는 자세가 선행되어야 한다. 처지를 바꾸어 생각한다는 역지사지(易之思之)는 곧 고객과 대화할 때 갖추어야 할 가장 기본적인 마음가짐이라고 할 수 있다.

# 고객과의 대화는
명품 서비스 성공의 핵심

고객과의 효과적인 대화 없이는 명품 서비스가 존재할 수 없다. 개개인은 의사소통 과정에서 고객에게 정보를 전달하고 이해시킨다. 고객과의 대화 과정을 구성하는 의사소통은 한 사람 또는 그 이상의 사람에서 다른 사람(들)으로 정보와 이해가 전달되는 과정이다.

단순하게 표현하면 의사소통은 한 사람이 다른 사람에게 정보를 전달하는 것이지만 다른 복잡한 상황에서는 구성원이 다른 구성원에게 정보를 전달하는 것이라 할 수 있다. 정보가 제대로 전달되었는지를 평가하는 수단 이해의 정도다.

훌륭한 서비스를 하기 위해 의식이나 마인드 등 모든 조건을 갖추었더라도 그것을 적절하게 표현하고 행동하지 못하면 목적을 달성할 수 없다. 효율적인 명품 서비스가 잘 이루어지려면 고객과 최고 성능을 발휘할 수 있게 항상 귀를 열어놓아야 한다.

고객과 대화할 때 말하기보다 듣기를 먼저 하는 것이 좋은 의사소통 방법이다. 이때 말하는 것과 듣는 것의 비중은 40 : 60이 효과적이다. 말뿐만 아니라 표정 · 몸동작 · 태도 등 행동언어 또는 보디랭귀지도 훌륭한 대화기법으로 적절히 활용한다.

사람들은 정보가 말이나 글로 전달된다고 생각하기 때문에 표정이나 몸짓으로 유출되는 정보에는 관대한 편이다. 더구나 몸짓은 거짓말을 하지 못한다.

고객의 보디랭귀지 읽기

부 분	긍정적 신호	부정적 신호
얼굴 표정과 눈	눈맞춤이 많다. 이야기 내용보다 이야기하는 사람에게 더 관심을 가진다.	눈맞춤이 적거나 눈을 가늘게 뜬다. 볼을 씰룩거린다. 상대를 곁눈으로 본다.
팔과 손	팔을 쭉 뻗는다. 손을 테이블 위에 올려서 펴고 있다. 손을 무릎이나 의자 팔걸이에 편안히 놓는다. 손으로 얼굴을 만진다.	손을 쥐고 있다. 팔을 꼬고 있다. 손으로 입술을 만지거나 목 뒤를 만진다.
다리와 발	[앉아 있을 때] 양다리를 가지런히 놓거나 다리 하나를 상대방 쪽으로 조금 빼서 앉아 있다. [서 있을 때] 양쪽 다리에 힘을 균등하게 주고 서 있다. 손을 엉덩이에 두고 있다.	[서 있을 때] 다리를 꼬고 서 있다. 다리를 상대방이 아닌 다른 쪽으로 향하고 있다. [서 있거나 앉아 있을 때] 다리와 발이 출구를 향하고 있다.
몸	의자 끝에 바짝 앉아 있다. 코트를 벗고 있다. 몸이 상대를 향하고 있다.	의자에 뒤로 기대어 있다. 코트를 벗지 않고 있다.

고객의 신체언어를 관찰해야 한다. 그들의 얼굴과 머리, 팔과 손, 다리와 발, 몸 네 채널에 집중하라. 자기에게 얘기하는 사람의 모든 행동에 신경을 집중하면 더 효과적으로 들을 수 있다. 그러면 어떤 문제가 그에게 더 중요한지 덜 중요한지 같은 말로 표현하지 않는 분위기를 파악할 수 있다.

의사소통 매체 가운데 우리가 사용하는 말 자체보다 얼굴 표정, 동작 등 비언어적 요소인 행동언어가 차지하는 비중이 상대적으로 훨씬 크다. 따라서 서비스에서 상대방의 표정 같은 행동언어에서 유익한 정보를 얻을 수 있음을 인식하는 것 또한 매우 중요하다. 상대방의 행동언어에서 수집한 정보는 효과적인 친절서비스를 이끌어내는 데 도움이 많이 된다.

같은 말이라도 '아'와 '어'가 다르다는 표현만큼 화술의 중요성을 짚어낸 말도 없을 것이다. 말은 고객관계를 살리기도 하고 죽이기도 하는 위력을 가지고 있다. 말을 조리 있게 잘하는 것도 중요하지만 상황에 따라 순발력과 융통성을 발휘하는 것도 고객과의 대화에 중요한 요소다.

의사소통의 기본은 대화다. 대화가 없으면 의사소통은 될 수 없다. 그런데 대화는 생각보다 쉽지 않다. 대화할 때는 고객에 따라 호칭과 말씨를 다르게 해야 하고, 나타내려는 의사에 따라 말 쓰임을 달리해야 하기 때문이다.

고객과의 대화에서 먼저 갖춰야 할 것은 고운 말과 바른 말씨다. 그러나 대화를 훌륭히 한다는 것은 정확하고 아름다운 말씨로 물 흐르듯 이야기하는 것만을 가리키지 않는다.

대화할 때는 고객 처지에서 생각하는 자세가 선행되어야 한다. 처지를 바꾸어 생각한다는 역지사지(易之思之)는 곧 고객과 대화할 때 갖추어야 할 가장 기본적인 마음가짐이라고 할 수 있다. 여기에는 다음과 같은 것들이 있다.

첫째, 이야기의 시종이 논리정연해야 한다. 줄거리 없이 이것저것 이야기를 꺼내다보면 고객을 혼란과 곤혹에 빠뜨리게 되고 결국 의사가 제대로 전달되지 않게 된다.

둘째, 처음부터 끝까지 분명한 목소리로 말해야 한다. 말끝을 흐리거나 우물쭈물하면 의사가 정확히 전달되지 않을뿐더러 고객에게 신뢰를 얻지 못할 수도 있다.

셋째, 말의 속도를 적절히 유지한다. 한꺼번에 말을 많이 하면 안 된다. 급히 서두른다고 내용을 많이 전달하는 것은 아니다. 고객이 알아듣게 차분히 말해야 한다. 그렇다고 너무 느리게 말하면 고객이 짜증낼 수도 있으므로 속도에 유의해야 한다.

넷째, 대화는 고객이 누구이든 고객을 이해하고 다가가려는 자세인 만큼 고객의 의견을 존중하고 수용하려는 자세를 보여야 한다. 고객의 말이 마음에 들지 않거나 받아들일 수 없을지라도 딴청을 피우거나 비아냥거리는 등 성실하지 않은 자세를 보여서는 안 된다.

다섯째, 고객이 말하는 내용을 충분히 이해하지 못한 경우에는 정중히 다시 물어 확인해야 한다. 대화 내용을 분명히 알아두어야 할 필요뿐만 아니라 나중에 오해의 소지가 없게 해야 하기 때문이다.

✖ 대화를 잘하는 기초상식

이야기를 꺼내는 방법

일반적으로 대화할 때 어떤 목적이나 특정 화제로 들어가기 전에 대화의 능률을 올리기 위해서는 간단한 인사말이나 자기소개를 하는 것이 좋다. 잘 모르는 상대방과 대화할 때 서두를 어떻게 꺼내야 할지 더욱 망설여진다. 다음 사항을 실제 대화에 응용하면 편리하다.

- 날씨나 기후 이야기
- 취미나 기호 이야기
- 시사성 있는 이야기(정치나 종교 문제는 제외)
- 일, 직업 이야기
- 가족, 친구, 친척 등 사람 이야기
- 건강, 질병, 의약, 치료법 이야기

화제 선택 요령

화제는 말하는 사람이나 듣는 사람 모두에게 적합한 목적과 조건이 있는 것이어야 한다. 따라서 화제를 선택할 때에는 사회적 관심도가 높거나 친밀감 있는 것, 상대방의 요구와 필요에 적절한 것이어야 한다. 화제를 선택하는 요령은 다음과 같다.

- 목적에 맞는 화제

내용이 아무리 좋은 화제라도 목적에 맞지 않는 것은 유용성이 없다.

목적에 맞는 화제를 선택하는 것이 가장 중요하다.

• **구체적인 내용**

화제는 사물의 시각적 영상이 떠오르게 구체적이고 명확해야 대화 목적을 효과적으로 달성할 수 있다. 추상적이고 모호한 화제는 상대방의 관심을 끌지 못할뿐더러 분명한 대답을 기대하기 힘들다.

• **상담과 밀접하게 관계있는 이야기**

일상생활에서 항상 듣고 보는 이야기나 현실생활과 밀접하게 관계있는 이야기를 화제로 삼으면 상대의 관심을 끄는 것은 물론 친밀감을 느끼게 한다.

• **시사성 있는 문제**

진부하거나 구태의연한 이야기는 지루하고 재미가 없다. 누구나 새로운 문제, 새로운 변화에는 관심과 흥미가 있기 마련이다.

• **경험 이야기**

자기 경험을 화제로 삼으면 듣는 사람의 신뢰와 관심을 유발하고 말하는 사람은 자신 있게 말할 수 있다.

• **스릴 있는 화제**

사람은 누구나 평범하고 일상적인 화제보다 돌발적이고 아슬아슬한 변화와 손에 땀을 쥐게 하는 모험에 관심과 흥미가 있다.

• **실현가능한 화제**

화제 선택에서 실현성은 대단히 중요하다. 허황된 공상이나 현실생활과 거리가 먼 발상은 아무리 좋은 아이디어라도 상대의 관심을 끌지 못한다. 대화를 효과적으로 성공시키려면 쉽지는 않더라도 반드시 실현될

만한 것을 화제로 선택해야 한다.

• 욕망에 호소하는 화제

상대방의 욕망이 무엇인지 잘 분석해 그것에 초점을 맞추면 효과를 얻을 수 있다. 인간은 욕망을 충족시키려고 노력한다. 인간 행동의 원동력인 욕망에 호소하는 화제를 선택하면 목적을 쉽게 달성할 수 있다.

대화에서 주의할 사항

• 음식점이나 식탁에서 불쾌하거나 불결한 이야기를 하지 마라.

• 음식을 앞에 두고 맛을 불평하지 마라.

• 공적인 모임에서는 개인적인 화제나 사사로운 화제를 이야기해서는 안 된다.

• 자기 이야기에만 열을 올리지 마라. 듣는 이가 거부감을 갖거나 지루해 한다.

• 자기보다 윗사람과 대화할 때에는 설교하거나 교훈적인 이야기는 하지 마라.

• 때와 장소에 어울리지 않는 화제를 삼가라.

• 당사자 이외에 다른 사람이 함께한 자리에서는 대화 상대방을 꾸짖거나 화내지 마라.

대화의 원리

의사를 효과적으로 표현하는 데는 어떤 원리나 법칙이 있는가? 많은 사람들이 세련되고 훌륭하게 말할 수 있는 방법을 터득하려고 노력한다.

다음 몇 가지 사항을 터득하고 실천하면 말을 잘할 수 있다.

첫째, 중요한 부분은 억양을 강하게 하라. 표현이 서툰 사람은 말의 억양이나 속도에 변화가 없이 단조롭게 지껄이거나 처음부터 끝까지 강한 억양으로 소리를 지른다. 전자는 지루하고 후자는 과장되어 부담을 준다.

둘째, 의미상 한 어구의 말은 붙여서 말하고 의미 또는 호흡에 맞추어 한 어구를 단위로 띄어서 말한다.

셋째, 단순히 음성만을 내지 말고 말하려는 내용을 상상하면서 감정이 깃든 목소리로 성의 있게 말한다.

넷째, 거리에 따라 음성의 크기를 조절한다. 회화에서 원근법이 입체적 시각 효과를 나타내는 것처럼 대화에서도 목소리를 조절해야 한다.

TPO에 따른 올바른 대화 요령과 방법

TPO에 따른 화법

같은 사람에게 이야기하더라도 때(Time) · 장소(Place) · 경우
(Occasion)에 따라 화법을 바꿀 필요가 있다. 상사나 선배에게 간단하게
전언하는 경우라도 고객이 있으면 간결하면서 격식을 갖춘 어조로 이야
기해야 한다. 고객을 생각하지 않고 평소 직원끼리 하는 방식으로 대화
하는 것은 바람직하지 않다.

적절한 화법

누구나 자신의 말이 상대방에게 정확히 전달되지 않거나 그런 뜻으로
말한 것이 아니었는데 대화 상대방에게 오해를 산 경험이 있을 것이다.

반대로 상대방의 이야기를 잘못 알아듣거나 속단해 실수하는 일도 있다. 자신이 알고 있는 내용이라 해서 설명을 생략하면 의사가 제대로 전달되지 않으며, 반대로 사정을 잘 아는 사람에게 장황하게 설명하면 상대방을 지루하게 만든다.

그러므로 고객에게 무엇을 어떻게 이야기할지를 생각해 적합한 화법을 골라 써야 한다. 목소리가 너무 높아 듣기 거북하다거나 발음이 불명확하다는 이유만으로도 고객에게 나쁜 인상을 주게 된다. 자기 이야기를 고객이 귀담아듣길 바라면 이러한 점도 세심하게 신경 써야 한다.

✖ 올바른 화법

언어사용의 3원칙

- **밝게** : 명랑한 목소리, 즐거운 기분, 유머 감각을 가지고 말한다.
- **상냥하게** : 상대방을 고려해 공손하게 말한다.
- **아름답게** : 속어, 유행어를 사용하지 않는다.

고객과의 좋은 대화 포인트

- **쿠션 표현** : 부드럽게 만드는 말이라는 뜻으로, 고객의 뜻과 다른 경우에 덧붙인다. 예를 들어 '실례합니다만, 공교롭게도, 죄송합니다만' 등의 표현이다. 어떤 경우든 '없습니다, 모릅니다, 안 됩니다' 라는 표현은 고객에게 좋은 이미지를 남길 수 없다.
- **긍정적 표현** : 긍정문으로 긍정적인 언어를 사용하는 것이 고객과

대화할 때 또 하나의 포인트다. 예를 들어 '할 수 없습니다' 라는 표현 대신 '죄송합니다만 하기 어렵습니다' 라고 표현한다.

• **1·2·3 법칙** : 한 번 말하고, 두 번 이상 들어주고, 세 번 이상 맞장구를 친다.

✖ 고객과 대화할 때 주의할 점

습관적인 말을 사용하지 않는다

습관적으로 말을 반복해 사용하는 것만큼 듣기 거북하고 지루한 것도 없다. 이러한 말버릇은 다른 사람에게 지적받지 않는 한 본인은 눈치 채지 못하는 경우가 많다. 짧은 대화를 하는 가운데 '음~, 에~, 저~, 또~, 네네~, 결국~, 역시~, 어쨌든~, 아무쪼록~, 그래서~, 그러므로~, 그러니까~, 그래도~' 같은 단어가 몇 번씩이나 반복되면 듣는 사람은 대화가 고역일 수 있다.

이럴 경우 이야기 내용을 간결하게 전달하는 데 방해가 된다. 이처럼 자신도 의식하지 못하는 사이에 튀어나오는 말버릇이 있으면 녹음해 체크하는 방법을 써서라도 의식적으로 고친다.

상대방이 이해하기 쉬운 말로 한다

전문용어, 업계용어, 생략어 등을 사용할 때는 서로 그 의미를 잘 안다는 것이 전제되어야 한다. 고객과 이야기할 때는 특히 이 점을 신경 써야 한다. 사내에서 통용된다고 해서 누구나 아는 것은 아니기 때문이다.

외래어는 아주 일반화된 것 이외는 쓰지 않는다. 외래어를 남발하거나 적절하지 않은 외래어를 쓰면 이미지를 손상시킬 뿐 아니라 대화를 원활하게 하는 데 방해될 수 있다. 이야기는 상대방이 알아듣기 쉽게 전하는 것이 원칙이며, 어려운 용어는 신중히 사용해야 한다.

불유쾌한 화제는 피한다

자기 자랑이나 험담, 뜬소문이나 지어낸 이야기 따위의 유쾌하지 못한 내용을 화제로 삼지 않는다. 경박한 사람으로 인식될 뿐 아니라 인격을 의심받는 요인이 될 수 있다. 속마음을 털어놓을 정도의 사이가 되면 부지불식간에 이런 화제를 말하기 쉬운데, 특히 주의해야 한다.

대화할 때 주위를 두리번거리지 않는다

대화할 때 주위를 두리번거리며 시선을 분산시키면 침착하지 못한 사람이라고 생각하기 쉬우므로 피한다. 또 시계를 자주 들여다보면 대화에 관심이 없음을 노골적으로 나타내는 것이므로 무심결에라도 시계를 들여다보면 안 된다.

상대방을 뚫어지게 쳐다보지 않는다

대화할 때는 상대방 눈을 바라보며 이야기하라고 하지만 우리 문화에서는 아직까지 어울리지 않는 태도다. 고객에게 도전적으로 보이며 건방진 인상을 주기 때문이다. 시선은 주로 고객의 눈과 얼굴에 두고 가끔 인중이나 목 정도로 이동하는 것이 좋다.

상대방이 꺼리는 화제에 집중하지 않는다

사람은 감정의 동물이기 때문에 순간적인 기분에 휩쓸리기 쉽다. 평소에는 대수롭지 않은 언동도 경우에 따라서는 크게 문제되는 일이 있다. 대화를 나누다 고객이 꺼리거나 싫어하는 기미가 보이면 즉시 다른 화제로 바꾸는 것도 대화를 자연스럽게 이어가는 요령이다.

과장된 제스처로 열을 올리지 않는다

대화 내용에 필요 없는 동작은 하지 않는다. 자주 눈에 띄는 행동은 공연히 머리로 손이 가거나 다리를 떠는 것이다. 이러한 동작은 상대방에게 불쾌감을 주므로 빨리 고친다. 또 지나치게 과장된 제스처는 도리어 대화에 지장을 준다.

사람을 움직이는 최고의 무기는 귀

사람의 몸이 천 냥이면 눈이 구백 냥이라는 말이 있다. 사람은 눈으로 보고 느낀 대로 물건이나 일을 판단한다. 특히 고객의 눈에 보이는 대상은 움직이는 사람이다. 그렇기 때문에 첫인상은 고객이 물건을 구입하느냐 안 하느냐에 크게 영향을 미칠 수밖에 없다.

고객과의 대화 과정에서 기본적인 자세는 상대방 문제에 자기 생각이나 감정에 따라 반응하는 것이 아니라 상대방의 생각이나 감정이 어떤지에 초점을 두고 반응하는 것이다.

사람을 움직이는 최고의 무기는 '입 한 개'가 아니라 '귀 두 개'다. 이처럼 듣고 응답하는 과정을 거치는 것을 경청(傾聽, 진짜 듣기)이라고 할 수 있다. 그러나 귀를 기울여 듣지 않는, 즉 가짜듣기(응답이 일어나지 않는 경우)가 있다.

듣기 테스트 결과 일반적으로 어떤 내용을 듣고 난 직후에도 내용의

절반밖에 기억하지 못하고, 두 달이 지나면 4분의 1로 기억이 감소하는 것으로 나타났다.

또 중요한 것은 많은 사람들이 실제로 그렇게 하지 않았는데도 자신은 진짜로 들었다고 믿는 경향이 있다. 이것은 때때로 커뮤니케이션의 장애가 되기도 하는데 개개인의 대화 습관에 따른 문제라고 할 수 있다.

따라서 올바른 듣기 습관을 지니려면 상대방을 존중하고, 상대방의 말을 이해하려는 노력이 필요하다. 또 정황을 잘 인식하고 판단해 상대방의 마음을 이해하려는 대화 습관이 필요하다.

✖ 적극적 경청의 기능

상대방이 전달하려는 말의 내용은 물론 그 내면에 깔린 동기나 정서에 귀를 기울이고 이해한 바를 상대방에게 피드백하는 것이다. 이는 평가, 의견, 충고, 분석, 의문을 전달하는 것이 아니라 상대방이 의미하는 것이 무엇인지 이해하며 듣는 것이다. 대인관계에 적극적 경청이 수행하는 역할은 다음과 같다.

- 부정적 감정에 대한 두려움을 감소시킨다.
- 서로 온정적 관계를 맺을 수 있게 한다.
- 상대방이 스스로 문제를 해결할 수 있게 한다.
- 상대방이 적극적 경청을 할 능력을 키워준다.
- 서로 만족스럽고 지속적인 상호작용을 가능하게 한다.

✖ 적극적 경청에서 피드백하는 요령

- 상대방이 말하려는 핵심 메시지를 피드백하라.
- 상대방의 감정을 피드백하라.
- 상대방의 감정의 기초가 되는 경험과 행동을 연결해 피드백하라.
- 생각할 시간을 가진 다음 피드백하라.
- 가능한 한 짧게 피드백하라.
- 상대방의 분위기와 비슷한 분위기로 피드백하라.

고객과 공감적 대화가
필요하다

공감적 대화는 상대방을 이해하려는 의도로 의사소통하는 것을 말한다. 내가 먼저 진정으로 상대방을 이해하는 것을 추구하는 고객과의 대화 방법이다. 공감적으로 커뮤니케이션하려면 다른 사람의 준거틀로 들어가야 한다. 다른 사람의 관점으로 사물을 보는 커뮤니케이션, 즉 그들이 세상을 보는 방식에 입각해 세상을 보는 고객과 대화하는 것이다. 그러면 그들의 패러다임을 이해하고 그들의 감정도 이해하게 된다.

공감적 고객과 대화하는 과정은 다음 네 단계를 밟는다.

- 상대방의 말을 판단 없이, 충고 없이, 평가 없이 듣고 내용을 접수해 수용한다.
- 상대방의 말에서 감정을 파악해 반영한다.
- 상대방이 말한 내용을 재구성한다.

• 재구성한 의미와 감정을 함께 되돌려준다.

양파 껍질이 벗겨져 속살을 드러내듯 공감적 고객과의 대화로 개인적 지각(知覺)의 한계를 뛰어넘어 상대방의 내면에 접근함으로써 원원하는 해결책을 모색하게 한다.

✖ 공감적 고객과 대화하는 과정

공감적 고객과의 대화는 상대방이 한 말의 내용뿐만 아니라 억양과 표정 등으로 상대방의 내면에 깔린 동기나 기분에 귀를 기울이고, 내가 이해한 바를 의견을 섞지 않고 되돌려주는 것이다. 경청할 때 주의할 사항은 다음과 같다.

• 고객이 말하려는 의미 전체를 듣는다.
• 말 자체의 내용보다 그 밑에 깔린 의도를 읽는다.
• 고객이 말하고 싶어 하는 것을 끝까지 듣는다.
• 중간 중간에 요약 · 확인하면서 듣는다.
• 고객이 말했을 때 부정적인 표현은 사용하지 않는다.
• 속단하지 말고 의문점은 즉시 묻는다.
• 고객의 말을 들으면서 다른 일을 해서는 안 된다.

경청을 효과적으로 하는 스킬

- **적극적 경청** : 바른 자세, 밝은 표정, EYE TO EYE, 몸, 귀로 듣기
- **중단 금지** : 고객의 말을 비판, 참견, 중단 금지
- **반응 가미** : 칭찬, 맞장구, 효과적 질문으로 대화 격려
- **감정 가미** : '예!' '그래서요?' 등 감정 제시와 화제 유도

경청의 효과

- 경청하는 직원에 대하여 경계심이 감소하며 대화할 시간 여유가 생긴다.
- 고객 자신이 마음껏 이야기한 것에 만족하여 상품 구매로 이어진다.
- 서비스가 원활하게 이루어져 성공으로 가는 지름길이 될 수 있다.

데이비드 번즈(David D. Burns)는 의사소통에서 범할 수 있는 실수에 관해 "설득력 있는 의사소통에서 범할 수 있는 최대 실수는 당신의 견해와 감정표현에 최우선순위를 두는 것이다. 사람들이 진정으로 원하는 것은 자기 말을 들어주고, 자기를 존중해주며, 이해해주는 것이다. 당신이 자기 말을 이해하고 있다고 느끼는 순간, 사람들은 당신의 견해를 이해하려는 동기를 부여받는다"라고 했다.

고객과 효과적으로 대화하려면 몸이 아니라 눈으로 말해야 한다. 이때 참고해야 할 사항을 알아보자.

- 대화가 되려면 의사소통의 목적과 상황의 정의가 일치해야 한다.

상황에 관한 일치감 없이는 토론해야 할 논제, 대화 등이 생기지 않는다. 따라서 대화의 상대나 장소 그리고 상황을 정확하게 이해해야 한다.

- 대화는 교대로 발언한다. 대화는 혼자서 하는 것이 아니다. 따라서 일방적으로 말하기보다는 자연적으로 말이 중단되거나 문장 끝에서 교대되게 배려한다.

- 주의 깊게 듣는다. 말하는 사람의 눈을 부드럽게 바라보면서 주의를 집중해 경청한다. 오해는 주의 깊게 듣지 않고, 듣는 사람의 마음으로 판단하면서 듣기 때문에 일어나는 경우가 많다.

- 간단하게 다시 요약해준다. 상대방의 요지를 파악해 간단명료하게 요약해주고 내용이 맞는지 확인한다. 이러면 의사전달이 정확하게 되었는지 확인할 수 있다. 특히 전화 내용도 간단하게 요약해 재확인하는 것이 중요하다.

- 문제와 차이점을 명확히 하기 위한 대화를 이용하면서 감정과 사실을 이야기한다. 많은 사람이 자기감정을 솔직하게 이야기하지 않는다. 자기감정을 솔직하게 전달하는 것이 서로 오해를 줄이는 데 도움이 되는 경우가 많다.

- 상대의 관점에 대해 이해를 얻어내기 위해 타인의 관점과 감정에 귀를 기울인다. 상대방 처지에서 생각해보면 상대방의 의도를 이해하는 데 도움이 된다.

- 차이점을 탐구할 준비를 하고 의욕을 갖는다. 이런 고객과 대화할 적절한 시간과 장소를 선택한다. 지쳐 있거나 배고프거나 졸리거나

아니면 다른 곳에 정신이 팔린 사람은 고객 상담과 협상을 할 수 없거나 그렇게 할 의사가 없는 것이다.

- 승패에 중점을 두기보다는 합의점부터 시작한다. 중요한 목표가 공유되었음을 확인했거나 그것이 명확하다면 갈등에 접근할 가능성이 높아진다.

- 사람이 아니라 문제를 공략한다. 죄는 미워해도 사람은 미워하지 말라 하듯 사람 자체보다는 문제를 중심으로 토론하는 것이 좋다. 특별히 변화할 수 없는 신체적 특징이나 상황에 대해 공격하기보다는 변화 가능한 행동을 논의한다.

- 문제가 끝나면 언쟁, 싸움 또는 토론을 끝낸다. 이는 해결책이 언제나 발견됨을 뜻하는 것이 아니라 당분간 해소됨을 뜻한다.

자기를 효과적으로
알리는 것도 경쟁력

대인관계는 첫 대면할 때 자기표현의 좋고 나쁨이 곧바로 나타난다. 자기소개 프레젠테이션은 대인관계에서 필수 종목이다. 표현력, 자기 분석, 성격, 목표 지향성 등 대인관계 평가 항목을 한번에 알 수 있기 때문이다. 옷차림도 전략이라는 광고 문구가 있지만 자기소개에도 효과적인 전략이 요구된다. 서비스 관계 형성에서 좋은 인상을 심어주려면 나름대로 효과적인 연출법이 필요하다.

자기소개가 결국 '저는 이렇게 훌륭한 사람입니다' 또는 '이런 가능성이 있는 사람입니다'를 전하는 것이라고 할 때 자신의 장점을 이것저것 늘어놓는 것은 불필요할 뿐 아니라 핵심 전달을 더욱 어렵게 한다. 단 하나의 화제를 가지고도 깊이 파고들어 가능한 한 구체적인 말로 자기라는 상품을 팔아넘길 수 있게 하는 것이 좋다.

자기소개법을 주위에 있는 유능한 세일즈맨에 빗대어 생각해보자. 그들은 첫 대면에서 정말 능숙하게 사람의 마음을 사로잡는다. 우선 재미있고 교묘한 화술을 구사해 상대방의 경계심을 푼다. 그런 다음 좋은 인상을 상대방의 마음속에 순식간에 강하게 심는다.

그들은 어떻게 그처럼 능숙하게 자기를 상대방의 마음속에 심을 수 있을까. 그것은 테크닉이라는 한마디 말로 지나치기에는 너무나 중요하다. 본질은 자기를 상대방에게 심어주는 열의와 자세에 있다. 자기소개는 자기에 관한 모든 것 가운데 자기를 돋보이게 할 포인트를 잡아서 알려야 한다. 따라서 자기소개를 효과적이고 전략적으로 상대방에게 어필하기 위한 준비 과정이 필요하다.

첫째, 지금까지 살아온 삶을 돌아보면서 철저하게 자신을 파악한다. 뛰어난 점일수록 상세하게 분석하고, 친구나 선배들의 평가를 들어두는 것이 좋다.

둘째, 장단점을 파악하면 장점을 부각한다. 구체적 사실이나 경험을 바탕으로 간결하게 장점을 설명할 수 있도록 정리해야 한다. 이때 성격에 관한 이야기보다는 자신의 능력을 어필할 화제를 고르는 것이 좋다.

셋째, 지금까지 가장 열심히 했던 일이나 감동적인 경험, 가장 빛났던 순간을 정리한다. 이때 자신의 역할이나 일의 과정 설명도 중요하지만 더욱 필요한 것은 그 일로 무엇을 배웠는지, 그 일이 자기 성장에 어떤 역할을 했는지 분명하게 밝힌다.

넷째, '이것만은 남에게 지지 않는다.' '이것만은 자신 있다'는 전문 분야나 특기를 강조한다. 잘할 수 있게 된 계기나 어려웠던 점, 노력 등 구체적인 에피소드를 섞어가면서 이야기하고, 앞으로의 계획도 언급하는 것이 좋다. 자기 이름은 무엇이며 어디에서 사는지, 하는 일은 무엇인지 등 최소한의 줄거리는 있어야 한다. 1분 정도인 자기소개의 모델 스피치를 살펴보자.

제 이름은 장수용입니다. 한자로는 베풀 張, 빼어날 秀, 녹일 鎔 자를 써서 특별히 빼어나게 녹여 뭔가 베푸는 사람이 되려고 노력하는 장수용입니다. 서울에서 살고 경영학을 전공했습니다. 기업에서 15년간 인사 · 조직 · 기획 · 관리 분야의 실무경험을 쌓았고, 현재 전략기업컨설팅 원장으로 인사 · 조직 분야의 컨설팅 활동을 하고, 대학에서 경영학과 인간행동 조직개발 분야를 강의하며 산업훈련 교육과 기업 경영 컨설팅, 저술에 전념하고 있습니다.
취미는 인터넷 서핑, 커뮤니티 활동, 글쓰기이며, 여행을 즐깁니다. 저는 조직개발, 경영혁신, 인사/조직 분야 컨설팅과 관련 도서출판을 전문화해 추진하며, 기업의 살아 있는 지식과 노웨어(Know Where) 정보를 개발하게 하여 고객사에게 실질적으로 가치를 창조하는 실무 중심형 컨설팅 활동을 전개하고 있습니다.
삼성경제연구소가 주관하는 지식대왕에 올랐고, 3대 우수 지식인으로 선정되었습니다. 또 제가 SERI에서 운영하는 블로그니티 '장수용의 인간과 조직 그리고 경영성과관리 연구'에서 약 5만여 명의 회원들이 함께 하고 있는데 지식 활성화가 잘 되는 듯해서 힘이 납니다. '지식의 나눔과 공유' 활동을 통해 다양한 비즈니스 분야의 인적 자원 개발에 관한 정보 공유와 관계문화 창달에 이바지하고자 합니다. 장수용을 기억해주시고, 앞으로 좋은 관계를 맺었으면 합니다. 감사합니다.

효과적인 자기소개의 포인트는, 첫째 자기 이름을 기억하게 해야 하고, 둘째 자기의 사람됨을 알려야 한다. 그리고 가능하다면 에피소드로 인상에 남도록 노력해야 한다.

✖ 겸손이 지나치면 자기비하가 된다

비즈니스 때문에 서울을 방문한 미국인이 "한국인은 대체로 자기소개

하는 데 서툴러요"라고 했다. 그의 말을 요약하면 한국인은 조직의 일원, 즉 어느 회사의 누구라는 지극히 공식적인 자기소개만 한다는 것이다. 그래서 사적인 것을 물었더니 놀랄 일이 벌어졌단다. "우리 집은 누추합니다. 그러나 한번 방문하신다면 성심성의껏 모시겠습니다." 그 소리를 듣는 순간 '이 사람은 참으로 형편없는 집에 사는구나' 하여 방문할 마음이 싹 가셨단다. 그런데 '한번 들러달라'는 청을 받아들여 방문했는데 대궐 같은 집에 놀라고, 아내가 미인이라 놀라고, 자녀들이 얌전해 놀랐다고 한다. 더욱 놀란 것은 진수성찬을 차려놓고 주인이 "차린 것은 변변치 않으나 많이 드십시오"라고 말한 것이다.

물론 그는 한국의 '겸손의 미덕'을 몰라서 오해했으리라. 그러나 겸손이 지나치면 자기비하가 되는 법이다. 한국인이 모두 그렇다는 것은 아니지만 자기소개 프레젠테이션이 서툰 사람이 많은 것은 주지의 사실이다.

공적·사적인 모임에서 자기소개를 보면 어디에 사는 누구라든가, 어느 회사에 다니는 누구라고 간단하게 한마디 하고 만다. 게다가 여성의 경우는 아무개 엄마, 아무개 부인이라며 자기 이름조차 밝히지 않는다. 이렇듯 자기소개는 간단하고 초라하게 해놓고 알아주기를 바라는 마음은 크다. 이는 잘못된 점이다.

✖ 자기소개에 따라 사람의 가치가 달라진다

낯선 사람과 대면했을 때 자기소개를 어떻게 해야 할까? 우물쭈물 명함을 꺼내들고 덤덤하게 세상 돌아가는 얘기를 꺼내는 것이 일반적인 패턴일 것이다. 뛰어난 실적을 자랑할 만한 톱 세일즈맨이 아니라면 상대방에게 강한 인상을 심어줄 생각은 거의 하지 않을 것이다.

그런데 그렇게 건네주는 명함을 받는 상대방이 그 명함을 어떻게 처리할지 한번 생각해보아야 한다. 책상 서랍에 넣어두었다가 1년쯤 지나면 쓰레기통에 버리고, 상대방은 여러분을 만나기 이전의 상태로 되돌리고 말 것이다. 그렇다면 사람을 만날수록 시간 낭비, 명함 낭비, 커피 낭비, 구두밑창 낭비, 나아가 체력 낭비가 된다.

내게 흥미 있는 사람만 나를 알면 된다고 안일하게 생각한다면 그는 상당히 재능 있는 고고한 예술가이거나 인생을 완전히 포기한 사람밖에 되지 않는다. '침묵은 돈'이라던 가치관은 오래전에 무너졌으며, 자기를 나타내는 일이야말로 비즈니스맨에게 요구되는 가장 중요한 능력이기 때문이다.

명품 친절서비스를 위한
고객관계관리 기법

고객관계관리는 고객의 전 생애에 걸쳐 구축된 고객관계를 통해 장기적으로 이윤을 추구하는 것이다. 단기적으로 손해 보는 순간이 있을지라도 고객관계를 원활히 유지함으로써 장기적인 이윤을 추구하는 동적인 경영방식이 고객관계관리다.

고객관계관리를 강화하라

"○○님, 5월 26일 1시 30분에 피부과 진료 예약이 돼 있습니다."

기업 등에서 날아오는 전화·이메일·문자메시지는 그들의 필요에 따른 스팸성인 경우가 대부분이지만, 요즘에는 병원에서 진료 예약일 하루 이틀 전에 보내주는 예약확인 문자서비스나 장례식장의 불편 여부 점검전화처럼 신선한 감동을 주는 사례도 서서히 눈에 띄기 시작했다.

특히 그동안 불편하거나 문턱이 높다고 인식하던 곳에서 생각지도 못했던 '배려'성 전화나 메일 또는 휴대전화 문자메시지 등을 받을 때면 적잖은 감동을 받게 되고, 그로써 그 업체에 대한 인식이 바뀌는 경우도 있다.

우리는 수많은 고객관계를 하면서 산다. 고객관계라면 나와는 관계가 없는 것처럼 느끼지만 그러면서도 그 순간에 우리는 고객관계를 하고 있다.

신규고객을 유치한 후 서비스와 사후관리를 제공하여 재구매를 유도하고 고객이 주변 사람에게 자사 제품과 서비스를 권유할 수 있게 고객감동을 이끌어내는 행위를 고객관계관리(Customer Relationship Management, CRM)라고 한다.

흔히 CRM으로 불리는 고객관계관리에 대한 정의는 다수 존재하는데, CRM이란 고객관리를 위해 필수적 요소인 기술 인프라, 시스템 기능, 사업 전략, 영업 프로세스, 조직의 경영능력, 고객과 시장에 대한 영업정보 등을 활용하여 고객과 접촉하고, 이와 관련된 활동을 개선함으로써 고객과 장기적인 거래관계를 구축하고 궁극적으로는 기업경영성과를 지속적으로 향상하고자 하는 새로운 경영방식이다.

이러한 마케팅은 종전에는 주로 쇼핑몰 등 인터넷기업들이나 개인사업자들이 주로 이용했으나 2~3년 전부터 오프라인 대기업들도 고객관계관리 시스템을 도입해 '한번 고객'을 '평생 고객'으로 만들기 위한 관계 다지기용으로 적극 활용하는 추세다.

그렇다면 왜 기업들은 이 같은 일에 막대한 자원을 투자하는 것일까? 삼성전자의 고객관계관리에 대한 예를 들어보자. 접점에서 고객과의 관계를 형성하고 고객의 로열티를 얻어내는 곳은 삼성전자가 보유한 4,000여 개의 유통망이다. 따라서 삼성전자는 고객과의 관계형성을 직접 수행하는 것이 아니라 간접 수행하는 전략을 세웠다.

접점에서 수집된 데이터베이스들은 단순한 판매관리뿐 아니라 삼성캐피탈, 삼성카드 등과 연계된 주변의 전체 데이터를 통합하여 활용된다. 그리고 삼성전자는 수집된 고객정보를 토대로 고객의 행동과 수요를 예측함으로써 고객의 니즈에 맞는 제품과 서비스를 제공하게 된다.

이런 경험을 통해 상품을 구매한 고객은 70% 이상이 재구매를 하게 된다. 이를 통해 삼성전자는 서비스가 뛰어나고 친절하며 믿을 만한 회사라는 인식을 심어주게 된다.

이와 같은 삼성전자의 사례는 영업현장의 업무를 고객관리 중심으로 바꾸어 지속적으로 로열 고객을 형성하고 기업 최고의 자산인 기업을 지지하는 고객을 많이 만들어낸 좋은 사례라고 할 수 있다.

기업은 고객관계관리로 신규고객을 유치하는 순간부터 시작되는 고객과의 거래관계를 고객의 전 생애에 걸쳐 유지할 수 있도록 관리하면서 장기적으로 고객의 수익성을 극대화하고자 한다. 다시 말해 신규고객과 첫 거래 이후 마케팅 활동을 다양하게 펼쳐 고객관계를 강화하고 결과적으로 그를 평생고객으로 만드는 것이다. 고객과의 장기적 관계유지는 또한 기업에게 장기적 이윤 극대화를 안겨주기도 한다.

그렇다면 고객관계는 무엇인가? 고객관계는 당신에게 무엇인가를 원하는 상대에게서 당신에 대한 호의 그리고 당신이 원하는 무엇인가를 얻어내는 일이다. 그것이 명성이든, 자유이든 아니면 돈이나 정의 또는 사랑, 사회적 지위, 신체적 안전 등 무엇이든 필요한 것은 고객관계를 통해 얻어낼 수 있다. 고객관계는 서로 이해관계 대립을 해소하고 합의점을 이끌어내는 과정, 즉 이해관계의 공통분모를 찾아내는 일이다.

이를 달성하기 위해 고객관계관리는 고객 지향적이고 고객 중심적이어야 한다. 기술 지향적·상품 지향적이던 과거의 경영방식에서 한 걸음 나아가 고객이 필요로 하는 상품과 서비스를 제공하고 고객에게 적절한 보상과 혜택을 제공함으로써 고객관계를 관리하는 데 중점을 두어야 한다.

고객관계관리는 고객의 전 생애에 걸쳐 구축된 고객관계를 통해 장기적으로 이윤을 추구하는 것이다. 단기적으로 손해 보는 순간이 있을지라도 고객관계를 원활히 유지함으로써 장기적인 이윤을 추구하는 동적인 경영방식이 고객관계관리다. 고객의 전 생애에 걸쳐 유지되는 고객관계관리는 고객과 기업의 상호신뢰를 바탕으로 양측 모두 원하는 결과를 얻을 수 있게 쌍방적인 관계를 형성하고 발전시켜야 한다.

고객관계는 우리의 존재는 물론 인생의 목표를 정의하는 데 도움을 준다. 우리는 성공이 대부분 중요한 고객관계에서 비롯됨을 알 수 있다. 전체 고객관계의 가치 가운데 80퍼센트는 20퍼센트의 고객관계에서 나온다. 전체 고객관계의 가치 가운데 80퍼센트는 인생에서 처음 형성되는 20퍼센트의 친밀한 관계에서 나온다. 80퍼센트의 가치를 만드는 20퍼센트의 고객관계에 우리는 80퍼센트에도 훨씬 못 미치는 관심밖에 못 기울인다.

자신과 가장 중요한 고객관계를 맺고 있는 사람 가운데 순서대로 20명을 목록으로 만들어보자. 여기서 중요함이란 고객관계의 깊이와 친밀감을, 다시 말해 그들과의 관계가 인생에 어느 정도 영향을 미치는지, 인생의 목표에 얼마나 도움을 받는지 정도를 의미한다.

이제는 중요도 측면에서 각각의 고객관계에 대해 100점을 만점으로 번호마다 점수를 매겨보자. 목록이 저마다 다른 모습이겠지만 80/20법칙에 따르면 20명 가운데 20퍼센트에 해당하는 1번부터 4번까지의 고객관계가 점수를 대부분 차지할 것이다. 일반적으로 고객관계의 가치 가운데 80퍼센트를 차지하는 사람들과 보내는 시간이 전체 시간의 80퍼센트에 훨씬 못 미치는데, 이 사실에서 분명해지는 점이 있다. 양보다 질을 중시해야 한다는 것이다. 가장 중요한 고객관계에 집중하는 것이 중요하다.

인생에서 한 인간이 친밀도 있게 맺을 수 있는 고객관계의 양은 한계가 있으므로 고객관계를 맺는 능력은 제한되어 있음을 알아야 한다.

 # 정보가 경쟁력이다

현대사회를 정보사회라고 한다. 필요한 많은 정보를 남보다 신속하게 얻는 자가 승리하는 사회라고도 할 수 있다. 고객관계도 정보와 속도전의 시대다. 적을 알고 나를 알면 백 번 싸워도 위태롭지 않다(知彼知己 百戰不殆)는 말은 정보 전략의 중요성을 단적으로 시사한다. 고객관계도 지피지기하면 백전백승한다. 즉 자사, 경쟁사, 고객의 모든 정보를 가능한 한 많이 알아두어야 경쟁에서 승리한다.

정보라고 하면 언뜻 컴퓨터나 복잡한 통계자료 등과 같이 거창한 것으로 생각하기 쉬우나 정보는 어떤 사실, 통계는 물론 시중에 흘러다니는 말들을 포함하는 넓은 의미의 '알아둘 필요 있는 소식 또는 자료들'이라고 할 수 있다.

이러한 정보는 사람들에게서 획득한다. 고객관계 네트워크 정보를 모으는 수단은 매우 다양하다. 비즈니스맨은 권한, 책임, 역할 등을 명확히 부여받고 공식적인 비즈니스에서 여러 사람과 관계를 맺으며 직무를 수행한다. 신문·잡지·텔레비전·라디오에서는 공개 정보(Formal Information)를 얻지만 사람 사이에서 생산·유통되는 비공식 정보(Informal Information)가 진정한 무기다.

모든 정보는 사람에게서 나온다. 따라서 사람이야말로 가장 중요한 정보원이며 살아 있는 정보는 오직 사람을 통해서만 수집할 수 있다. 그러나 사람들은 다양한 욕구를 충족시키기 위해 공식적 채널인 직종과 계층을 뛰어넘어 여러 사람과 대화하고 인간적 유대를 맺으려 한다. ○○회 동기 모임, 볼링 클럽, 낚시회, 산악회, 테니스 클럽 등과 같이 공통 관심사나 취미를 함께 나누려는 비공식적인 관계의 모임 등을 예로 들 수 있다.

따라서 비즈니스에서는 공식 비즈니스와 더불어 자연스럽게 비공식적 고객관계 네트워크가 형성된다. 이를 빙산에 비유하면 수면을 중심으로 비즈니스의 공식적인 면과 비공식적인 면으로 나누어 볼 수 있다.

공식적인 면에는 비즈니스의 목적, 기술, 구조, 정책과 절차, 재무 자원 등이 포함되고, 비공식적인 면에는 신념, 가치, 감정, 집단 규범, 비공식적 상호작용 등이 포함된다. 특히 온정을 바탕으로 한 친밀한 고객관계를 중시하는 한국사회에서는 비공식적 관계의 중요성이 매우 크기 때문에 고객관계자들은 이를 관리하는 데 관심을 둬야 한다.

따라서 비공식적인 면에서 가장 중요한 요소인 사람들의 상호작용으로 형성되는 비공식적 고객관계 네트워크에 초점을 맞추어 심도 있게 살펴본다.

비공식적 측면의 문제는 좀처럼 쉽게 드러나지 않고 관찰하기도 어렵다. 또 비합리적 성격이 강하기 때문에 문제의 발견과 그에 대한 처방이 공식적 측면의 문제에 비해 상대적으로 어렵다.

그런데도 비공식 비즈니스에 관심을 기울여야 하는 이유는 그것이 전략과 경영 계획의 실질적 실행, 비즈니스맨의 사기 등에 큰 영향력을 미치기 때문이다.

고객관계자가 업무 협조도, 혈연, 지연, 학연, 호감·비호감 등의 관계에 따라 형성되는 비공식적 관계의 고객관계 네트워크를 정확히 파악해 효과적으로 관리하지 못하면 비공식적 관계의 역기능이 공식 비즈니스의 원활한 활동을 막고 변화에 강하게 저항함으로써 비즈니스의 중요한 목적이나 계획 달성을 방해할 것이다.

반면 고객관계자가 비공식적 관계의 구조를 정확히 파악해 잘 관리하면 비즈니스 내에서 공식 비즈니스를 활성화하는 데 큰 힘이 될 수 있다. 예를 들면 고객관계자가 비공식적 커뮤니케이션이 원활하게 고객관계 네트워크를 관리한다면 공식적 커뮤니케이션에서 미처 해결하지 못했던 정보를 빠르고 정확하게 전달해 비즈니스 내의 커뮤니케이션 활동을 활성화할 수 있다.

또 고객관계자는 공통 관심사나 우정을 위해 형성된 비공식 비즈니스맨들의 상호작용을 비즈니스 목적에 부합하는 방향으로 활성화함으로써 공식 비즈니스의 힘이 미치지 못하는 영역을 보완해 비즈니스에 생동감을 불어넣을 수도 있다.

이러한 필요성에도 비공식적 관계를 정확하게 파악하는 것은 현실적으로 쉽지 않다. 감각이 매우 예민한 고객관계자일지라도 사람들이 하루를 어떻게 보내는지, 동료들을 어떻게 느끼는지를 안다는 것은 매우 어렵다. 따라서 고객관계자들은 사람들에 대한 자신의 생각을 검증해볼 수단을 갖지 못한 채 표면적 관찰에 머무를 수밖에 없다.

고객관계지도를 사용해 비공식적 관계의 구조를 분석하는 고객관계 네트워크 분석 방법과 적용 사례를 알아보자. 세 가지 형태의 고객관계 지도로 비공식적 관계의 전반적인 구조를 파악할 수 있다.

조언 고객관계 네트워크(Advice Network)

비즈니스에서 능력이 뛰어난 사람이 누구이며, 비즈니스맨들이 이들에게 어느 정도로 문제 해결을 의존하고, 기술적인 정보를 제공받는지를 알려준다. 이 고객관계 네트워크는 한 비즈니스의 일상적 운영 활동에 가장 중요한 영향을 미치는 사람들이 누구인지 알려주기 때문에 비즈니스맨이 일상적 업무를 변화시키려 할 때 고려해야 할 유용한 자료다.

신뢰 고객관계 네트워크(Trust Network)

비즈니스 파워 관계와 관련된 중요 정보를 사람들이 어떻게 교환하며, 어려울 때 서로 어떻게 협조하는지를 보여준다. 이 고객관계 네트워크는 팀 비즈니스가 왜 성과를 제대로 나타내지 못하는가 등의 원인을 밝히는 데에도 도움을 준다.

커뮤니케이션 고객관계 네트워크(Communication Network)

사람들이 서로 업무에 관계되는 사항을 정기적으로 어느 정도 이야기하는지를 보여준다. 이 고객관계 네트워크는 사람들 사이의 정보 흐름 양상, 자원의 비효율적 배분 정도 또는 새로운 아이디어가 나오지 못하는 정도 등을 알아내는 데 도움이 된다.

고객관계 관리자들은 이런 세 종류 고객관계 네트워크를 관련지어 분석함으로써 그동안 전혀 알지 못했던 비공식적 관계의 구조를 이해할 수 있으며, 비즈니스 내에서 일어나는 문제점을 해결해 성과를 개선하는 데 큰 도움을 얻을 수 있다.

고객관계를 체계적으로 관리하려면 무엇부터 해야 할까? 먼저 자신의 현재 상태를 점검하는 것부터 시작하는 것이 좋다. 그 방법 가운데 하나로 고객관계지도를 그려보라고 권한다.

고객관계지도는 가족, 동창, 사내, 업계, 사외 고객관계 등과 같이 관계를 중심으로 나누거나, 분야별로 비즈니스, 문화, 금융, 부동산, 취미 생활 등으로 나눈 뒤 자신의 고객관계라 할 수 있는 지인들을 체크하면서 그려볼 수 있다.

이를 통해 자신의 부족한 고객관계가 어느 쪽인지, 또 반드시 관리했어야 하는데 미처 살펴보지 못했던 관계가 있는지 파악하는 데 도움을 줄 수 있다.

고객관계지도를 그려보면 먼저 자신의 고객관계를 객관적으로 바라볼 수 있다. 또 고객관계가 어느 쪽에 편중되었는지, 어느 쪽이 부족한지 파악할 수 있다.

더 나아가 목표를 달성하는 데 도움을 받을 수 있는 고객관계에 누가 있는지, 없다면 어떻게 만들어야 하는지 전략을 세울 수 있다. 그리고 지도를 통해 자신의 고객관계를 정리해두면 갑작스러운 상황에 빠지더라도 곧바로 도움을 받을 수 있다.

관계지도는 말 그대로 관계 중심으로 고객관계를 분류한 것으로 본인을 중심으로 상대방이 어떤 관계인지에 따라 그린 것이다.

자신을 중심으로 가지를 그린다

가지를 그리는 분류 기준은 자신의 상황에 맞추어 정하면 된다. 분류한 뒤에는 자신과 관계있는 모든 사람을 각각 어느 분류에 넣어야 할지 살펴보아야 한다. 가지고 있는 명함과 수첩, 주소록 등을 펼쳐놓고 한 사람, 한 사람 짚어가며 검토하는 것이 좋다.

자기 점검을 하고 난 다음에는 자신의 스타일에 맞춰 좀 더 적극적으로 고객관계를 키워가야 한다. 사내외 모임이나 세미나 등을 통해 고객관계를 확장할 수도 있고, 원래 알고 있는 사람들에게 새로운 사람을 소개받을 수도 있으며, 본인이 만나고 싶은 사람을 직접 찾아가 볼 수도 있다.

정보를 어떻게 정리해 관리하고 활용할까

명품 서비스라는 기업의 목표를 달성하기 위해서는 정보기술(IT)의 지원이 필수적이다. 하지만 그 조직이 갖고 있는 고객 정보가 모두 유용하다는 생각은 잘못된 것이다.

특히 명품 서비스라는 관점에서 고객을 관리하고자 한다면 현재 기업이 보유하고 있는 정보는 대부분 사실상 쓸모없는 내용에 불과하다. 갖고 있는 고객 정보가 이미 낡은 것들이어서 실제 활용할 때는 전혀 도움이 안 되는 경우가 비일비재한 것이다.

그렇다면 필요한 정보를 제공하고 명품 서비스를 지원하기 위해 활용되는 데이터들에는 무엇이 있으며 이들 데이터에서 적합한 정보를 이끌어내기 위해 필요한 기술이나 기법에는 무엇이 있을까?

⊠ 신문, 잡지 활용

신문 정보를 수집하면 뉴스와 정보가 기회를 준다. 신문의 인물 동정, 회사의 인사 왕래, 이전, 영전, 결혼, 출생, 승진 축하, 그 밖의 사고 처리에 도움을 준다.

⊠ 도서 활용

온갖 종류의 도서를 정보 수집원으로 활용하고, 필요한 자료는 독서 카드를 만든다. 신간서적과 경영서적 등 전문서적의 정보에 관심을 갖는다.

특히 신간서적은 필요할 때 재빨리 대응하기 위해서라도 출판사·제

● 스크랩 요령

- 수집하려는 필요한 기사에 표시
- 스크랩 작업은 그날그날 하는 등 습관화
- 경제신문이나 일간지 경제 기사 내용은 때로 다른 주제어를 사용하기도 하기 때문에 같은 내용의 기사도 동시에 스크랩
- 불필요한 것은 버린다.
- 관련 서적이나 자료와 함께 보관한다.
  - 스크랩 대상을 명확히 파악해 기준을 미리 정한다(경제·경영·정보·행사·소식 등 항목별로 나누어 정리한다).
  - 오려낸 기사는 날짜·신문명·시간·소감 등을 기록한다.
  - 한 장에 하나의 기사를 개별 보관한다.
  - 기사를 오려내기 전에 다시 한 번 앞뒤 기사를 파악한다.

목·저자 등을 기록해둔다.

- 제목·잡지명·권수·호수 등을 기록한다.
- 철로 묶은 것은 철사를 풀어서 정리한다.

✖ 컴퓨터 활용법

고객관계관리

- 고객관계 검색과 출력(지역별·업종별·상호별)
- 우편번호 자동 입력
- 우편 봉투 출력(대·중·소)
- 개별 신상명세서 및 메모 기능

자료관리 소프트웨어 활용

- 명함, 우편물(청첩장·연하장·공공기관의 우편·초대장 등으로 분류), 방명록, 윗사람의 공적·사적 모임, 행사, 고객관계 등을 명칭별· 숫자별·건별·표제별로 분류해 가나다순으로 구분해놓는다.
- 우편물을 다량 발송할 경우 우편 라벨 형식을 이용해 간편하게 처리할 수 있다.
- 개인의 신상 조회와 인쇄가 가능하며, 윗사람이 요구할 때 즉시 보고할 수 있다.

노트북 활용

- 이동이 간편하다.
- 보관 공간이 많이 필요하지 않다.
- 지금까지의 업무를 사무실 단위에서 개인 단위로 변화시킨다.
- 시간이 절약되고 순간적으로 떠오르는 아이디어를 정리할 수 있다.
- 어디에서나 문서의 전송과 연결이 가능하다.
- 언제 어디에서나 온라인으로 업무를 쉽게 파악할 수 있다.

✖ 인터넷 활용

기존 서비스 통신을 이용해 신문 · 잡지 · 신간도서 · 주식시세 · 관광 · 여행정보 · 레저 · 민원 안내 · 열차(고속버스, 항공기)의 시각표 등의 정보를 신속하게 얻을 수 있다.

인터넷 도구를 활용하여 사이트별로 정리(북마크)해 언제든지 필요할 때 활용할 수 있다. 홈페이지 주소를 관련 업무별로 정리해 활용하면 인터넷을 더욱 효율적으로 이용할 수 있다.

✖ 휴대전화 활용

외출할 때 어디에서나 연락할 수 있으므로 긴급하게 연락할 때 윗사람의 업무보조 수단으로 유용하게 사용할 수 있다. 또 문자메시지는 연락하고자 하는 내용을 작성해 커뮤니케이션할 수 있다.

✖ 시스템 전자수첩 활용

시스템 수첩은 종래의 비즈니스 수첩과 달리 고정된 데이터는 그대로 두고 필요한 내용물만 갈아 끼워 보충하며, 불필요해진 페이지는 삭제하여 합리적으로 관리할 수 있다.

전자수첩은 계산기 기능에 수첩 기능을 부가한 새로운 형태의 소형 컴퓨터다. 전화번호, 스케줄 관리, 시계, 달력, 메모지, 영어(한자)사전 등의 기능이 있어 편리하게 사용할 수 있다.

✖ 전화기

전화기는 가장 널리 사용되는 전달 기기다. 부가기능부 전화(Key-phone)에는 확성 기능, 내선통화 기능, 통신유보 기능, 자동응답 녹음 기능, 자동전송 기능, 인터폰 기능 등이 있다.

부가기능부 전화는 대부분 비서들이 사용하며 잘못 사용하면 내부에서 행하는 중요한 상담이나 회의 내용이 외부로 유출될 수 있으므로 주의해야 한다.

✖ 팩시밀리

팩시밀리는 시간을 절약할 수 있고 구두 전달에서 생길 오해의 소지를 없앤다.

✖ 테이프 레코드

테이프 레코드는 윗사람의 지시, 의사록의 작성 등에 편리하게 사용된다. 신원이 불확실한 전화나 방문객에도 대비할 수 있다.

✖ 편지

자필 편지는 인정이 메마른 사회에서 비교적 인간적인 형식이다. 카드나 엽서보다 더 정중하게 글을 보낼 필요가 있는 고객관계에게 안성맞춤이다.

간단한 편지 문구 작성하는 요령
- 서두에 자기소개 및 계절 인사 등
- 구입에 대한 인사말 등
- 전하고픈 말(DM의 목적)
- "제가 항상 도와드리겠습니다. 앞으로도 잘 부탁드립니다" 등 나의 유용성을 나타내는 말
- 영업소명, 담당자명, 연락처는 잊지 말고 기입
- 추신은 고객관계의 눈길을 확실히 끈다. 여기에는 서비스 기간이나 좋은 조건 등 기입

간단하게 편지를 작성할 때 참고 사항

• 삽화나 사진 등을 곁들이면 한결 부드러워진다. 자신의 멋진 명함이라도 곁들이면 매우 좋다.

• 강조하고 싶은 말의 글씨 크기나 색깔, 글자 모양에 변화를 준다.

고객을 만나기 전에
준비과정이 필요하다

경쟁에서 승리한 자는 항상 모든 것을 사전에 기획하고 예측하면서 준비하는 데 시간을 많이 보낸다. 그렇기 때문에 실패율이 낮아지고 성공할 확률은 더욱 높아진다. 사람을 만나거나 고객 상담, 협상, 상담활동도 마찬가지라고 할 수 있다. 모든 면에서 준비하는 사람은 그만큼 성공이 보장된다.

대부분 정해진 위치에 고객이 찾아올 때 상담하거나 서비스한다. 그러나 지금은 수비적 경영으로 고객이 찾아오기만 기다릴 게 아니라 더욱 적극적인 공격경영으로 고객을 직접 만나는 전략으로 탈바꿈해볼 필요가 있다.

고객을 만나기 위해서는 준비과정이 필요하다. 이러한 준비과정에서는 항상 고정적으로 준비해야 할 것과 당장 방문하기 위해 필요한 것을 준비한다.

✖ 장기적 준비

- **상품 관련 지식** : 자기가 맡고 있는 상품에 관한 광범위한 지식으로, 세계 각국의 상품정보 동향, 신제품과 신기술의 개발 동향, 세계 각국의 브랜드, 자사 상품의 특성과 장점 등이 있다.
- **담당 지역에 관한 지식** : 담당 구역의 일반적 경제상황, 수요 동향, 고객의 동향, 선호도 등이다.
- **경쟁사에 관한 지식** : 동종업체의 상품 정책, 서비스 정책, 상품의 장단점 등을 미리 파악한다. 적을 알고 나를 안 다음 싸움에 나가야 이길 수 있다.
- **상품의 서비스 방침** : 항상 숙지하고 있어야 할 필수 항목이다. 회사의 서비스 방침은 수시로 변할 수 있으므로 그때마다 제대로 파악한다.

✖ 단기적 준비(방문 준비)

방문 계획 중인 가망고객에 대한 실제 방문 준비다. 철저한 방문 준비는 전투에 나서는 병사가 각종 장비(지도, 무기, 탄환, 배낭, 물통 등)를 준비하는 것과 같다. 철저한 방문 준비는 경쟁에서 승리를 쟁취하기 위한 기본 조건이다.

- **방문고객 조사** : 구입 제안자, 구입 영향자, 구입 결정권자, 사용자

등과 그들의 주변 인물, 출신지역을 비롯해 서비스 내용, 자산 정
도, 대체 시기 등

- **경쟁사의 동향 조사** : 방문 고객과 경쟁사의 관계, 방문안건에 대한
경쟁사의 서비스 추진 현황 등
- **서비스 도구 준비** : 서비스 대표가 준비해야 할 서비스 도구에는 고
객을 위한 것과 자신을 위한 것 두 종류가 있다.
- **상담 계획서** : 이상의 조사사항을 정리해 고객 이름, 주소, 담당자,
예산, 거래관계 등을 명시하고 고객이 당면한 문제점과 구입조직
(결정권자, 사용자, 전문가, 코치)을 기록하고 주문에 이르는 길을 도
식화해 상담을 마무리할 때까지의 추진 계획을 수립한다.

이상과 같은 장기나 단기 준비과정을 거쳐 상담하거나 방문한다면 현
재보다 더욱 폭넓은 고객관리, 경영관리가 이루어져서 매출도 상승할
것이다.

고객 상담과 협상을 활용하자

고객 상담과 협상은 상대에게서 호의는 물론 원하는 무엇인가를 얻어내는 일이다. 그것이 명성이든, 자유이든, 돈이나 정의 또는 사랑, 사회적 지위, 신체적 안전 등 무엇이든지 간에 필요한 것은 고객 상담과 협상으로 얻어낼 수 있다.

고객 상담과 협상은 거미줄처럼 얽힌 긴장과 대립 속에서 자신에게 유리한 결과를 얻기 위해 정보와 힘을 사용하는 것을 말한다.

세상의 모든 고객 상담과 협상에는 세 가지 중요 요소인 '시간, 정보, 힘'이 있다. 이 세 요소를 강화하면 고객 상담과 협상력을 강하게 할 수 있다. 여기서 고객 상담과 협상력은 고객 상담과 협상에 참여하는 상대방의 협상타결에 대한 기대를 자신에게 유리한 방향으로 변경시키는 능력을 말한다.

⊠ 힘

힘(Power)은 자신이 원하는 대로 상황을 만들 수 있는 영향력을 말한다. 즉 사람, 업무, 상황 그리고 자기 자신에게 통제를 가함으로써 일을 처리할 자질이나 능력을 말한다. 일반적으로 힘에는 개인적 힘과 지위적 힘이 있는데, 인격력·정보력·지식력 등은 개인이 소유하게 되는 힘이고, 연결력·보상력·물리력·합법력은 지위에 근거한 힘이다.

⊠ 정보

정보(Information)는 교섭과정에서 가장 중요한 도구이며 다른 힘을 사용할 수 있게 해주는 기초다. 정보는 성공이라는 창고로 들어가는 문을 여는 열쇠다.

고객 상담과 협상에서 중요한 것은 상대방의 진정한 한계, 즉 그 단계를 넘어서면 더는 대화하지 않을 단계를 알아내는 것이다. 상대의 재정 상태, 우선권, 마감 시효, 비용, 그들이 진정 원하는 것, 조직상의 압력 등에 대해 더 많은 정보를 가질수록 그것을 얻기가 더 용이하다.

⊠ 시간(Time, Timing)

고객 상담과 협상을 위한 합의나 해결책 마련은 대부분 마감시간 전에 한다. 마감시간 전에 모든 것을 끝내야 한다고 생각하기 때문에 그

마감시간은 자신이 정한 것이다. 마감시간도 불가피한 고객 상담과 협상의 결과이므로 이 자체가 고객 상담과 협상의 대상이 될 수 있다.

고객 상담과 협상은 욕구와 견해가 서로 다른 둘 이상의 당사자가 상호이해가 걸린 문제의 합의점을 찾기 위해 노력하는 과정이다. 이 과정에서 언제나 공통적으로 나타나는 고객 상담과 협상의 모습이 있다.

이와 같이 고객 상담과 협상의 다양한 모습을 이해하고 협상에 접근할 때 합의점을 잘 도출할 수 있을 뿐만 아니라 도출된 합의 내용이 자신이 원하고 목표했던 것이 될 것이다.

미숙한 협상가의 가장 큰 특징은 표면적인 것에만 관심을 쏟는다는 것이다. 그러나 노련하고 숙련된 협상가는 눈에 보이는 것은 물론 눈에 보이지 않는 협상의 모습을 잘 이해하고 다루는 것을 볼 수 있다.

고객 상담과 협상에 성공하기 위해 발휘할 수 있는 고객 상담 기술과 협상 기술에는 어떤 것이 있고 이를 어떻게 활용할지 살펴보자.

상대에 관한 정보를 수집하라

옛날에 말(馬)장수들은 사고 싶은 말이 있을 때 진짜로 사고 싶은 말은 절대로 먼저 밝히지 않았다고 한다. 그렇게 하면 값이 올라갈 것이 뻔하기 때문이다. 상대방이 진정으로 원하는 것이 무엇이고, 그들의 제약이나 약점이 무엇이며, 마감 시효는 언제인지 안다면 큰 도움이 된다.

고객 상담과 협상에서 정보는 현금 같다. 요컨대 정보는 곧 승리의 비결이다. 정보가 있어야 고객 상담과 협상에서 승리하는 계획을 세울 수 있다. '계획을 세우는 데 실패한다면 실패하도록 계획을 세우는 것이다.'

원칙에 충실하라

일단 원칙을 정하면 원칙에서 조금도 벗어나려 하지 않는다. 아무리 논리적이고 합리적인 대안을 제시할지라도 내용이 원칙에서 조금이라도 벗어나면 용납하지 않는다. 한쪽이 자신의 주장을 처음부터 끝까지 일관된 원칙론에 입각해 주장할 때 상대의 논리나 합리성은 무릎을 꿇게 된다.

고객 상담과 협상에서 원칙에 충실하다는 것은 대단한 힘이다. 원칙에 충실한 상대에게는 원칙을 벗어나는 요구를 할 수 없다고 생각한다. 그러나 편법에 능하고, 원칙 없이 상황에 따라 움직이는 상대에게는 약점을 잡았다고 여겨 무차별적으로 요구한다.

말하지 않는 것을 들어라

고객 상담가와 협상가들은 보통 필요 이상의 정보를 공개하지 않는다. 그렇지만 말 이외의 방법으로 정보를 계속 흘려보내는 경우가 많다. 사람들은 정보가 말이나 글로 전달된다고 생각하기 때문에 표정이나 몸짓으로 유출되는 정보에는 관대한 편이다. 더구나 몸짓은 거짓말을 하지 못한다.

일정한 거리를 유지하라

전문적인 고객 상담가와 협상가들은 상대를 압박하고, 두려움을 갖게 하며, 의기소침하게 하는 기술이 있다. 고객 상담과 협상에서 전문가와 아마추어의 차이는 감정적인 거리를 유지하는 능력에 따라 결정된다.

시간의 주도권을 가지라

고객 상담과 협상이 소비하는 중요한 재료는 시간이다. 어떤 식으로든 고객 상담과 협상이 결렬되지 않고 마무리되어야 할 경우나, 고객 상담과 협상하는 데 비용이 많이 들어갈 경우 시간은 매우 중요한 고객 상담과 협상 요소가 된다. 이럴 때는 시간이 많은 사람이 유리한 법이다. 어떤 고객 상담과 협상에서도 가장 중요한 양보 행위나 해결 움직임은 바로 마감 직전에 이루어진다.

고객 상담과 협상 테이블에서는 자신이 지닌 고객 상담과 협상 시간에 관해 절대로 노출해서는 안 된다. 그건 칼자루를 상대에게 넘겨주고 '어서 치쇼!'라고 부추기는 것과 같다. 다급한 행동은 이익이 확실히 보장되었을 때에만 취해야 한다. 일반적으로 말해 쉽고 빠르게 최선의 결과를 얻기는 어렵다. 오로지 천천히 그리고 참을성 있게 행동할 때 원하는 결과를 얻어낼 수 있다.

전화협상에서 승리하라

전화협상은 얼굴을 맞대는 협상보다 하기 힘들다. 의사소통의 어려움이 가중되기 때문이다. 대면해서 펼치는 많은 협상 테크닉이 전화에서는 무용지물이 되곤 한다.

전화협상의 특징은 서로 상대방을 볼 수 없다는 점이다. 이 때문에 한편으로는 마음이 편해지기도 하지만 한편으로는 마음이 느슨해져 고객 상담과 협상을 망칠 수도 있다. 따라서 전화협상에서도 태도를 바르게 해야 한다. 몸가짐을 바르게 하고, 심호흡하고 나서 얼굴에 미소를 지어라.

전화협상을 시작할 때는 직접 만났을 때처럼 첫인상을 좋게 하기 위해 신경 써야 한다. 특히 전화가 처음 연결될 때가 중요한데, '여보세요'라고 형식적으로 인사할 것이 아니라 '안녕하세요' 또는 '전화해주셔서 감사합니다'라는 말로 호감을 산다.

무엇보다 의사전달을 분명히 하는 데 노력해야 한다. 의사를 명확하게 전달할 수 있는 말을 해야 상대가 오해 없이 판단할 수 있다. 대면할 때는 창문을 쳐다보거나 다음 생각에 잠겨 있어도 문제가 안 되지만, 전화에서는 상대가 무엇을 하는지 볼 수 없기 때문에 잠시 딴생각을 하면 당신과 연락이 끊겼거나, 당신이 혼란스러워 한다고 느낄지도 모른다.

말은 적당한 속도로 하되 중얼거리지 말고 또박또박 해야 한다. 그리고 '음, 어' 등의 말은 삼가라. 이런 말로 잠깐의 침묵을 채울 수는 있지만 차라리 침묵하는 편이 더 낫다.

고객관계 정보 데이터를 관리하라

고객관계 정보 데이터는 쉽게 말해 컴퓨터와 고객관계 데이터베이스 (DB)를 활용해 과학적인 활동을 전개하는 접근법이다. 즉 고객관계 정보 데이터는 DB에 축적된 고객관계의 속성이나 거래에 관한 정보를 활용해서 고객관계 유형별로 니즈와 관심을 파악하고 이에 적합한 상품과 서비스에 관한 판촉 메시지를 DM, 텔레마케팅 등을 통해 효과적으로 전달함으로써 비용 절감뿐만 아니라 다양한 소프트웨어 프로그램을 활용한 분석 결과로 효과적인 전략을 수립하는 새로운 고객 서비스 경영 기법이다.

고객 서비스를 구축하는 데 다양한 방식의 요소 기술이 사용된다. 많은 고객에게는 각자 개성이 있고, 기업에도 기업만의 특성이 존재하기 때문에 고객 서비스는 다른 외국기업의 성공 모델을 그대로 벤치마킹할 수 있는 것이 아니다. 기업의 문화, 고객의 특성, 기존 데이터의 양과 질에 따라서 전혀 다른 접근을 해야 하기 때문이다. 예를 들면 고객관리를 하려면 고객데이터가 어느 정도 축적되어 있어야 하고 정보의 가치, 질의 수준을 먼저 평가해야 하는데, 그에 따라 고객 서비스의 시작 시점이 달라져야 한다.

효율성 있고 효과적인 활동을 전개하려면 목표 고객관계를 찾아내는 일이 급선무다. 즉 어떤 고객관계가 자사의 특정 제품·서비스에 관심이 높고 구매 가능성이 높은지를 알고 그들의 소재지를 파악한다면 불필요한 비용을 대폭 줄일 수 있다.

또 선별된 고객관계층을 대상으로 더욱 효과적인 전략 수립과 실행이 가능하다. 이를 가능하게 하는 것이 고객관계 정보 데이터다. 고객관계 정보 데이터는 축적된 고객관계 관련 데이터를 바탕으로 누가 주된 고객관계인지, 그들의 구매 형태, 이름, 성, 연령, 라이프 스테이지, 주소지 등 프로필은 어떠한지 명확하게 밝혀주기 때문이다.

고객관계 정보 데이터가 대두된 배경은 시장 상황 변화에 따른 패러다임의 근본적 전환에서 찾아볼 수 있다. 고객관계 활동은 시장 상황에 따라 달라지기 마련이다.

점차 경쟁자가 늘고 공급이 수요를 초과하는 시장 상황으로 반전되면 시장의 주도권은 메이커에서 고객관계로 옮겨간다. 칼자루를 쥔 고객관계들은 끊임없이 품질이 더 나은 상품·서비스를 추구하게 되며 까다롭고 다양한 고객관계의 니즈를 충족시키지 못하는 기업은 경쟁에서 살아남지 못하게 된다.

시장 성숙기에는 경쟁이 치열해지면서 시장점유율을 유지하기 힘들

어질 뿐 아니라 과당 경쟁으로 순이익도 줄어든다. 이러한 상황에서는 신규 고객관계를 개척하기보다 기존 고객관계의 이탈률을 최소화하고 이들의 반복 구매를 촉진하여 거래 관계를 심화하는 데 주력하는 이른바 유지 마케팅(Retention Marketing) 전략이 효과적이다.

일반적으로 신규 고객관계를 개척하는 데 드는 비용은 기존 고객관계 유지에 드는 비용의 5~6배라고 한다. 또 5년 이상 거래 관계를 유지하는 고정 고객관계는 신규 고객관계에 비해 수익 공헌도가 5배 이상인 것으로 분석된다. 그만큼 기존 고객관계 유지는 힘이 덜 들면서도 기업 수익을 향상시키는 비결이다.

고객관계 정보 데이터는 이러한 고객관계 유지 마케팅을 실현하기 위한 필수적인 하부구조다. 기존 고객관계가 모두 마케팅 활동의 목표 고객관계가 될 수는 없다. 이른바 80/20의 법칙에 따라 어느 기업이든지 매출의 80퍼센트는 20퍼센트의 고객관계에서 이루어진다.

고객관계 정보 데이터는 축적된 고객관계 DB를 통해 20퍼센트의 주요 고객관계가 누구인지를 명확하게 선별할 수 있다. 고객관계 정보 데이터는 수익 공헌도가 높은 주요 고객관계를 평생고객관계로 유지ㆍ관리하기 위한 DB 구축과 전략적 활용 프로그램이라 할 수 있다.

DM 관리 시스템은 고객관계의 정보를 수집ㆍ축적해 쉽게 활용할 수 있게 지원하는 정보 시스템을 의미한다. DM 관리 시스템은 외부에서 수집된 정보를 효율적으로 활용할 수 있게 해준다.

성공 고객관계를 위한
시간 사용을 창조하라

시간의 가치는 어떠한 자원보다도 귀중하다. 시간을 어떻게 보느냐에 따라 효율적인 시간 관리를 하느냐 못하느냐가 결정된다. 개인이나 경영자가 시간 관리를 좀 더 잘 이해하고 실행하기 위해 기본적으로 시간 관리가 어떻게 구성되었는지 아는 것이 중요하다.

✖ 계획한다

계획은 경영자의 기본 도리다. 적절한 예상을 하지 않으면 조직의 발전은커녕 유지하기도 힘들고 그에 따른 시간의 손실이 발생하는 주원인이 된다. 전문가들은 장기 계획이 필수적인 시대라고 말한다. 계획하는 능력이 곧 경영자의 기본 소양이다.

최근에 도산하거나 경영난에 허덕이는 기업은 대부분 주먹구구식으로 경영하고 관청이나 타 세력에 의지해 생존해온 기업이다. 변화하는 환경에 대응하려면, 특히 시간 관리를 효율적으로 하기 위해서는 계획적 사고가 필요하다.

✖ 목표를 설정한다

시간 관리에서 중요한 것은 목표 결정이다. 목표의 범주는 경영자나 개인에 따라 명확히 설정되고 상충되지 않아야 한다. 예를 들어 비즈니스의 목표는 수출량 확대인데 개인의 목표가 내수시장 개척이라면 목표가 잘못 설정된 것이다. 목표는 개인의 의사가 충분히 반영되고, 달성 가능해야 하며, 그것이 수량화되어 측정 가능해야 한다.

✖ 우선순위를 정한다

시간 관리의 핵심 포인트는 우선순위를 정하는 데에 있다. 우선순위는 가장 급하게 해야 하는 것, 다음 순서로 미뤄도 되는 것, 타인에게 양도해도 되는 것 등을 결정하는 것이다.

관리자가 일상 업무에서 곤란을 느끼는 것 가운데 하나가 우선순위를 결정하는 것이다. 신속하게 결정할 일을 보류하면 비즈니스 전체에 지장을 초래하며 손실이 발생하게 된다. 개인적인 시각의 차이, 즉 업무 능력에 따라, 개인적인 사고방식에 따라, 위치와 역할에 따라 우선순위가 달라질 수 있다.

적절한 우선순위는 시간 관리를 효율적으로 하는 지름길이다. 우선순위의 원칙을 설정해 긴급도와 중요성을 강약으로 나누어 긴급하고 중요한 일은 본인이 직접 처리하고, 긴급하나 중요하지 않은 일은 아랫사람에게 시키며, 긴급하지는 않으나 중요한 일은 보류하고, 긴급하지도 중요하지도 않은 일은 서류철에 보관해두는 방법은 시간 관리를 위한 좋은 예라 하겠다.

✖ 기본 범주

- **범주** : 시간 관리를 잘하는 사람은 일의 목적에 집중되어 있다. 반면에 시간 관리를 잘못하는 사람은 일이 분산되어 있다. 시간을 잘 사용하기 위해 일의 목표와 우선순위를 어떻게 명확히 하는가?

- **시간 관리의 습관** : 시간 관리를 잘하는 사람은 자신의 시간 관리 습관을 잘 알고 있다. 그렇지 못한 사람은 자신의 시간 관리 습관을 막연히 추측한다. 자신의 시간을 어디에 어떻게 사용하는가? 자신의 시간 관리 습관이 목적과 얼마나 일관성을 유지하는가?

- **계획** : 시간 관리를 잘하는 사람은 미리 계획을 세워 행동하지만 그렇지 못한 사람은 상황에 끌려다닌다. 목적을 달성하는 데 일일 계획과 일정 관리는 어떻게 하는가? 자신의 시간과 과제를 어떻게 조정해나가는가?

- **시간 낭비 요인** : 시간 관리를 잘하는 사람은 시간 낭비 요인을 제거하지만 시간 관리를 잘못하는 사람은 시간 낭비 요인을 그저 받

아들인다. 자신의 목적을 성취하기 위한 시간 관리에 장애 요인은 무엇인가? 어떻게 그 장애를 줄이거나 통제할 수 있는가?

- **서류 작업** : 시간 관리를 잘하는 사람은 서류 작업을 단순화하지만 그렇지 않은 사람은 복잡하게 만든다. 수많은 서류작업을 어떻게 처리하는가? 서류작업을 어떻게 통제하는가?

- **동료** : 시간 관리를 잘하는 사람은 동료나 아랫사람에게 도움이 되지만 그렇지 못한 사람은 다른 사람에게 피해를 준다. 동료나 윗사람, 아랫사람과의 관계에서 어떻게 시간 낭비 요인을 줄이고 협력할 수 있는가?

- **지연** : 시간 관리를 잘하는 사람은 즉시 행동하지만 그렇지 못한 사람은 일처리를 뒤로 미룬다. 자신은 일을 즉각 처리하는가, 아니면 뒤로 미루는가? 여러 가지 과제와 상황에 어떻게 대처하는가?

- **개인적 성장** : 시간 관리를 잘하는 사람은 계속 성장하지만 시간 관리를 잘못하는 사람은 삶이 침체된다. 시간 관리는 자기 관리다. 자신의 어떤 개인적 특성이 시간 사용에 영향을 주는가?

⊠ 관리 범주

- **계획** : 시간 관리를 잘하는 관리자는 여러 계획을 조정하지만 그렇지 못한 관리자는 여러 계획이 복잡하게 얽혀 있다. 직원들의 업무 목표와 우선순위를 잘 조정하는가? 여러 과제가 동시에 잘 진행되는가, 무리는 없는가?

- **시간 낭비 요인** : 시간 관리를 잘하는 관리자는 낭비 요인을 잘 통제하지만 시간 관리를 잘못하는 관리자는 낭비 요인을 그대로 받아들인다. 자신의 회의는 생산적인가, 비생산적인가? 어떻게 생산적인 회의를 하는가?

- **권한위임** : 시간 관리를 잘하는 관리자는 아랫사람들에게 권한을 많이 위임하지만 시간 관리를 잘못하는 관리자는 모든 권한을 집중시킨다. 어떻게 아랫사람들의 성장을 돕는가? 어떻게 권한과 직무를 위임하는가?

◉ 9가지 CEO식 업무/시간 관리 규칙

- 모든 서류와 이메일은 직접 혹은 비서를 시켜 가차 없이 처리한다.
- 나중에 수정하는 한이 있어도 결정을 내린다.
- 확실한 후속 조치는 성공하는 CEO가 일하는 방법의 요체다.
- 직접 접촉이 더 효과적일 때는 이메일을 사용하지 않는다.
- 모든 전화에 대해 직접 혹은 직원을 통해 24시간 이내에 회신 전화를 한다.
- 하루의 가변성을 억제하려 하기보다는 관리함으로써 힘과 생산성을 얻는다.
- 매일 자신만의 시간을 1시간씩 갖는다.
- 반복되는 일상 업무는 시간을 정하지 않고 분산해서 처리한다.
- 자신의 관심과 에너지를 쏟을 수 있는 프로젝트를 찾아서 생산성을 높인다.

• 의사결정 : 아마 정상에 있는 사람들의 가장 중요한 특징은 과단성일 것이다. 그러나 특이한 점은 사람들이 대부분 생각하듯 그들이 단독으로 결정을 내리는 것이 아니라 큰 그림에 대한 결정은 오랜 합의 구축 과정을 통해 이루어진다는 사실이다.

• 집중, 집중, 집중 : 놀랍게도 내가 관찰한 바로는 '경영 능력에 대한 궁극적인 잣대는 다중작업 능력'이라는 일반의 믿음은 전혀 근거가 없는 것이었다. 《포춘》 500대 기업에서 정상의 자리에 오른 사람들은 대다수가 다중작업을 하지 않았다. 오히려 그들의 경영 스타일은 자기 앞에 닥친 문제가 무엇이건 간에 단 몇 분, 몇 초라도 최대한 집중하는 특징을 보여주었다. 그들은 주의력 분산을 피할 수 있는 뛰어난 능력을 가지고 있다. 예를 들어 빌 게이츠는 헬스용 자전거 페달을 밟을 때는 아무것도 읽지 않는다.

• 목표에서 눈을 떼지 않는다. 최고경영자들은 늘 몇 가지 최우선 목표에 몰두하는 것이 특징이다. 일상적인 활동은 그러한 목표를 중심으로 전개된다. 예를 들어 잭 웰치는 '최우선 직원 육성'이라는 개인적인 과제에 온 열정을 쏟았다.

— 스테파니 윈스턴, 《성공하는 CEO들의 일하는 방법》에서

명품 서비스는
실천을 통해서 완성된다

명품 서비스의 실천, 이제 어떻게 할 것인가? 당신의 발전을 저해하는 가장 큰 장애는 실수에 대한 두려움, '사람들이 뭐라고 할까'와 연관된 두려움이다. 실수없이 괄목할 만한 변화와 발전을 이룩한 이는 없다.

명품 서비스, 고객만족은 거창한 구호나 요란한 행사보다, 작더라도 실질적인 것을 개선하여 고객이 만족하는 실속있는 행동이 되도록 해야한다. 명품 서비스를 제공하기 위한 땀과 눈물이 있을 때 진정으로 고객들은 만족할 수 있고 감동받을 수 있게 된다.

세계 인구 가운데 85퍼센트가 '자신이 무엇을 하는가?'를 모르고 그저 주어진 대로 살며, 12퍼센트가 '무엇을 위해 살아갈 것인가?'를 생각하며 살고, 그중 3퍼센트가 정말로 '늘 생각하면서' 살아간다.

성공하는 사람은 그들이 가고 싶은 방향을 알고 있다. 지금 하는 분야에서 국내 최고, 아니 세계 최고가 되겠다고 결심하라.

목표는 우리를 올바른 방향으로 이끌어준다. 목표가 분명하면 장애물을 극복하고 목표를 이루게 된다. 우리가 목표에 집중하도록 하고 궤도에서 벗어나는 것을 알려준다. 물론 목표를 구체적으로 설정한다고 해서 항상 정상에 도달하는 것은 아니다. 그러나 계단을 올라가는 일은 시작할 수 있다. 구체적 목표가 없으면 자신의 삶을 주도하지 못한다.

옛 어른들의 말씀이 생각난다. "나는 아무것도 시도하지 않고 성공하기보다는 가치 있는 훌륭한 일을 시도해 실패하는 쪽을 택할 것이다." 목표가 구체화되지 않은 사람은 목표를 구체화한 사람을 위해서 일한다고 한다.

고객서비스도 마찬가지이다. 고객서비스의 목표가 확실하지 않으면 아무리 회사에서 다그쳐도 서비스를 건성건성하기 쉽다. 고객에게 최선을 다하는 것이 결국 회사를 위하는 일이며, 나 자신을 위하는 일이라는 분명한 목표의식을 가져야만 고객에게 진심어린 서비스를 할 수 있다.

따라서 고객서비스의 확실한 목표의식을 갖고 아무리 작은 일이라도 고객이 요구하는 사항을 실천하면서 고객만족의 노하우를 축적해나가야 한다. 이렇게 되어갈 때 기업의 상품개발과 명품 서비스는 고객을 만족시키는 수준을 넘어 고객을 감동시키는 차원으로 발전되어갈 것이다.

열린 마음, 뜨거운 가슴으로 명품 서비스, 고객만족을 실천에 옮기자.

책이 결실을 맺는 지금 이 순간 문득 미당 서정주 시인의 '한 송이 국
화꽃을 피우기 위해~'라는 시구가 떠오른다. 사실 이 책의 원고는 2년
전에 탈고했는데 오랜 시간 동안 기다리다가 이제《명품 친절 서비스》라
는 이름으로 세상의 빛을 보게 되어 감회가 새롭다.

원고를 탈고한 후 책이 발간되는 시점에서 항상 느끼는 점은 시간이
조금 더 있었더라면 더욱 알찬 내용을 독자들에게 선물할 수 있었는데
하는 아쉬움이다.

그러나 시간이 흐르고 시대가 변하면 사람들의 생각이나 경영의 콘셉
트도 변하기 때문에 어느 시점에서 출간하든 경영서는 100% 완성본을
기대할 수 없다는 생각으로 위안을 삼기로 했다.

지금까지 고객서비스의 기본 마인드는 고객이 불만을 제기하면 즉각

적으로 해결해주거나 조금 더 나아가 친절한 응대로 고객이 다시 찾아오도록 유도하는 정도였다. 그러나 오늘날의 고객만족 개념은 고객감동을 넘어 고객이 졸도할 정도의 대담한 서비스를 제공해야 한다는 것이다.

그래서 요즘 많은 기업은 고객만족을 위해서 조직구성원의 의식과 행동혁신 운동을 전개하고 있다. 이는 무한경쟁시대에 기업이 살아남기 위한 경쟁력이 바로 고객만족에 달려 있기 때문이다. 이처럼 고객만족이 경영의 핵심과제로 등장하기 시작한 것은 양보다 질 위주의 경영전환을 의미하며, 이것은 곧 기업들의 21세기 생존전략의 수단이 되고 있기도 하다.

이 책은 조직구성원의 고객서비스 의식개혁과 실천을 돕기 위한 명품 친절 서비스 가이드북이다. 따라서 일반 비즈니스맨뿐만 아니라 기업의 사원교육용으로, 또한 독서통신 교재로도 유용하게 활용할 수 있을 것이다.

아무쪼록 이 책을 통해서 현재보다 한 단계 점프하는 비즈니스와 성공을 기원한다.

끝으로 강의와 저술활동으로 대부분의 시간을 할애하다 보니 자신의 내부고객인 가족과 친지들에게 제대로 서비스를 제공하지 못한 점을 시인하고, 늦었지만 이제부터라도 나의 내부고객에게도 '명품 친절 서비스'를 제공하겠노라고 지면을 통해 약속하고 싶다.

장 수 용

참 고 문 헌

김영한, 《고객만족 리엔지니어링》, 도서출판 성림

김영호, 《톡톡 튀는 마케팅》, 새로운제안

김종수 · 김성혁, 《서비스마케팅》, 형설출판사

로잼키 크리스틴 앤더슨, 구본성 역, 《서비스 달인의 비밀노트》, 세종서적

삼성에버랜드 서비스아카데미, 《에버랜드 서비스 리더십》, 21세기북스(북이십일)

이유재, 《고객가치를 경영하라(고객만족을 넘어)》, 21세기북스(북이십일)

이유재, 《서비스 마케팅》, 학현사

일레인 해리스, 이은희 역, 《고객서비스 실무》, 시그마프레스

장수용, 《365일 고객서비스 이것이 기본이다》, 현대미디어

장수용, 《365일 직장예절 이것이 기본이다》, 현대미디어

장수용, 《고객만족을 위한 친절서비스》, 현대미디어

장수용, 《대화의 기술, 이것이 기본이다》, 현대미디어

장수용, 《경영학의 이해(개정2판)》, 전략기업컨설팅

장수용, 《21세기 기업교육 훈련 전략》, 전략기업컨설팅

쟈크 호로비츠, 윤세남 역, 《서비스 전략의 7가지 비밀》, 한올출판사

필립 코틀러, 홍성태 역, 《마케팅의 10가지 치명적 실수》, 세종서적

삼성경제연구소, http://www.seri.org/bt/btIndex.html?btno=100,
   http://www.seri.org/forum/mantech/

LG경제연구원, 〈LG주간경제〉,
   http://www.lgeri.com/publication/weekly/weekly.asp

중앙경제평론사
중앙생활사

Joongang Economy Publishing Co./Joongang Life Publishing Co.

중앙경제평론사는 오늘보다 나은 내일을 창조한다는 신념 아래 설립된 경제 · 경영서 전문 출판사로서
성공을 꿈꾸는 직장인, 경영인에게 전문지식과 자기계발의 지혜를 주는 책을 발간하고 있습니다.

명품 친절 서비스

초판 1쇄 발행 | 2011년 4월 28일
초판 3쇄 발행 | 2013년 5월 15일

지은이 | 장수용(Sooyong Chang)
펴낸이 | 최점옥(Jeomog Choi)
펴낸곳 | 중앙경제평론사(Joongang Economy Publishing Co.)

대   표 | 김용주
책 임 편 집 | 이상희
본문디자인 | 이여비

출력 | 현문자현   종이 | 타라유통   인쇄 · 제본 | 현문자현

잘못된 책은 바꾸어 드립니다.
가격은 표지 뒷면에 있습니다.

ISBN 978-89-6054-079-8(13320)

─────────────────────────────────────

등록 | 1991년 4월 10일 제2-1153호
주소 | ㉾100-826 서울시 중구 다산로20길 5(신당4동 340-128) 중앙빌딩 4층
전화 | (02)2253-4463(代) 팩스 | (02)2253-7988
홈페이지 | www.japub.co.kr 이메일 | japub@naver.com | japub21@empas.com
♣ 중앙경제평론사는 중앙생활사 · 중앙에듀북스와 자매회사입니다.

▶홈페이지에서 구입하시면 많은 혜택이 있습니다.

중앙
북샵   www.**japub**.co.kr
전화주문 : 02) 2253 - 4463

※ 이 도서의 국립중앙도서관 출판시도서목록(CIP)은 e-CIP 홈페이지(www.nl.go.kr/cip.php)에서
이용하실 수 있습니다.(CIP제어번호: CIP2011001530)